ESCUELA DE COCINA Y DE LA BUENA MESA

VOLUMEN 6

ESCUELA DE COCINA Y DE LA BUENA MESA

VOLUMEN 6

KARLOS ARGUIÑANO

JUAN MARI ARZAK

Coordinación de

PATXI ANTÓN

Cómo organizar una cocina

CÍRCULO de LECTORES

Agradecimientos

Autores y editores desean agradecer a las siguientes personas e instituciones su autorización para reproducir las ilustraciones que reseñamos a continuación: A.G.E Fotostock 13a, 20, 27, 38, 51; Aisa 8, 14; Aisa / Museo Condé Chantilly 11; Aisa / Museo Arqueológico, Barcelona 9a; Holton Collection / Superstock 9ab; José Fernando Bartolomé 85a; Luis Jover 10ab; Mikel Alonso 7, 16 18a, 19ab, 22, 23, 29, 33, 34, 35, 36, 41ab, 42, 44, 46, 47ab, 48, 49ab, 50ab, 52, 53, 55, 56, 58, 60ab, 62, 63, 64ab, 64c, 65a, 65ab, 66, 67c, 68c, 68ab, 69a, 69ab, 70, 71, 72a, 72ab, 73a, 73ab, 74, 75, 76, 77, 78ab, 79, 80, 81a, 81ab, 82, 83, 84, 85c, 85ab, 86a, 86c, 87, 88c, 90, 91, 92, 93, 94, 95, 96, 97, 98, 99, 100, 101, 102, 103, 104, 105, 106, 107, 108, 109, 110, 111, 112, 113, 114, 115, 116, 117, 118, 119, 120, 121, 123, 125, 127, 129, 131, 133, 135, 137, 139, 141; Miguel Corazón 18ab; Oronoz 12, 15, 24, 31; Oronoz / Museo Arqueológico, Barcelona 10a; Superstock 13ab, 17, 21; Víctor Montemayor 25, 26, 28, 32, 37.

Edición: Editorial Debate, S. A. y Asegarce, S. A.
Coordinación de textos: Patxi Antón
Diseño de cubierta: Bährle/Sendra
Diseño de interior: Ozono y Miguel Corazón
Fotocomposición y fotomecánica: Alef de Bronce, S. A.

Círculo de Lectores, S. A. (Sociedad Unipersonal)
Travessera de Gràcia, 47-49, 08021 Barcelona
http://www.circulolectores.com
9912987654321

Licencia editorial para Círculo de Lectores por cortesía de Editorial Debate, S. A.

ISBN: (vol. 6): 84-226-7446-7
ISBN: (obra completa): 84-226-7495-5
Depósito legal: B-1.198-1999
Impreso en Printer Industria Gráfica, Barcelona
Impreso en España *(Printed in Spain)*

N.° 06577

SUMARIO

Presentación

Este libro, complemento de los cinco volúmenes anteriores, supone una visión general de fácil comprensión para los lectores aficionados a la cocina, que nos consta son legión.

Se ofrecen aquí montajes idóneos según el espacio disponible, con indicaciones que harán a buen seguro que la labor en la cocina sea lo más provechosa posible. La cocina ha sido definida de muchas maneras: recinto para cocinar, taller para la realización de platos, el lugar del cocinero... e incluso, acorde con nuestros antepasados, tabernáculo sagrado. Cocina es para nosotros ese sitio donde con dedicación, conocimiento y cariño se pueden conseguir exquisitas elaboraciones partiendo de los productos que nos regala la madre naturaleza.

Hemos querido acompañar este libro con recetas sencillas y básicas, muchas de ellas un pequeño homenaje a nuestra cocina de siempre, la que tanto nos gusta a todos.

Karlos Arguiñano

Juan Mari Arzak

Patxi Antón

La cocina

La cocina, sus orígenes e historia hasta nuestros días

Por cierto que los orígenes de la cocina no están ligados a los inicios mismos de la historia de la humanidad.

La cocina no existe desde siempre, ya que con anterioridad a su aparición, el hombre se estuvo alimentando de frutos, bayas o raíces. Finalmente, aprendería a cazar. La caza quizá sea la más antigua actividad humana, situada en plena Edad de Piedra; en esta época —en primera instancia a título individual, luego en grupos organizados—, la caza habría de proporcionar alimento y pieles para que los humanos se resguardasen del frío.

Luego, el paso de la sociedad nómada a la sedentaria corresponde al surgimiento de la agricultura: el hombre tuvo que asentarse pues debía cuidar de las tierras. Poco a poco comenzaron a crearse poblados, se llegó a domesticar ani-

Ya en la prehistoria el hombre usaba útiles «de cocina», como este mortero de piedra del Neolítico hallado en Palestina. Conviene recordar que fue en este largo período (del 10.000 al 2.000 a.C.) cuando el hombre desarrolló nuevas formas sociales: agricultura, ganadería, sedentarización.

males y se pasó de ingerir la carne cruda, en frío, a ingerirla caliente, fundamentalmente asada; y esto último quizá de forma casual, pues pudo darse el caso de la ingestión de un animal tal vez fulminado por un rayo. Casual fue también que el frotar palos secos entre sí, sumado a cierta disposición de ramas y hojas secas, diese origen al fuego, hecho éste trascendental en la historia de la humanidad, en general, y en la de la cocina, en

Arriba: también del Neolítico, pero menos antigua, es esta pieza de cerámica cardial procedente de Cova de Torralla, Lérida. Abajo: la cultura egipcia es considerada como una de las cunas de la civilización. Notables ganaderos y agricultores, los egipcios también aportaron costumbres y usos al mundo de la cocina. En la imagen, escena de banquete, tumba de Nakht, 1420 a.C.

particular. La cocina nace con el nacimiento del fuego. Una vez consumado el logro del fuego, el hombre descubre que los alimentos transformados por acción del calor, es decir asados, resultan más sabrosos, fáciles de comer y de mejor digestión.

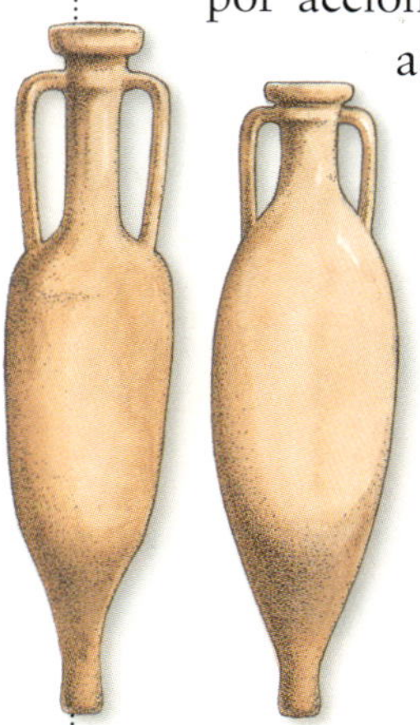

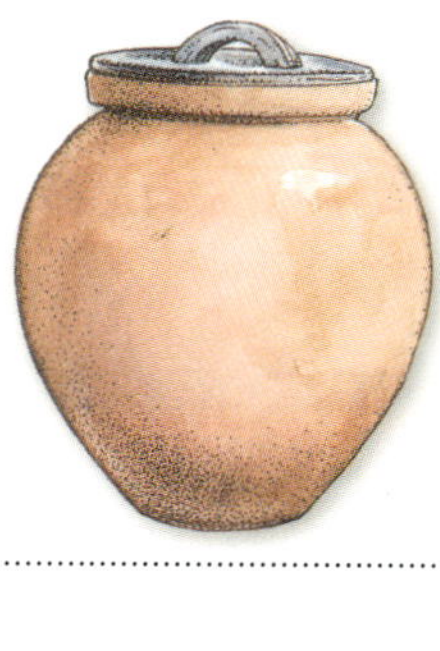

En el Imperio romano, los gustos culinarios eran distintos de los de ahora, pero, en cualquier caso, la cocina gozaba de un espacio reservado en el hogar.
En la imagen superior: reproducción de una cocina romana, Museo Arqueológico de Barcelona.
Abajo: ánforas romanas.

Durante millones de años, y a pesar del descubrimiento de nuevos productos, de la invención de utensilios, e incluso del mayor conocimiento de la cocina en sí, es decir a pesar de tal «evolución», el hombre se conformó con elaboraciones culinarias exentas de delicadeza. Fue aquélla una cocina de mera supervivencia, de cierta tosquedad, que hasta bien entrada la Edad Media, e incluso en las altas esferas de la sociedad, no estuvo constituida sino por banquetes pantagruélicos; los considerados sus manjares no eran otra cosa que potajes, carnes asadas y pescados cocidos. Habrían luego de surgir los monas-

Gracias al arte podemos hacernos una idea muy aproximada de las costumbres de cada época, como en esta imagen: Banquete ofrecido a los invitados, *obra de Jacques Le Grant, siglo XIV, en la que se puede apreciar hasta qué punto el menú en esa época era poco elaborado.*

terios, que incluían grandes cocinas con personal un tanto cualificado, de suma dedicación a su tarea específica, con lo que se consiguió dar un importante paso adelante en el desarrollo de la gastronomía (en verdad, se cuenta con menús de aquella época y es indudable el progreso alcanzado).

A partir del siglo XVIII se da a conocer una cocina más moderna; hacia entonces se escriben con letras de oro nombres tan ilustres como los de Carème o Savarin. Y ya en la segunda mitad del siglo XIX se hace presente la figura del más famoso cocinero de

Espectaculares por su tamaño y sobriedad, las cocinas de los monasterios eran espacios en los que el trabajo, especialmente organizado, giraba en torno al hogar, que era a la vez fogón y calefacción.
En esta imagen: monasterio de Santa María la Real de Oseira, siglo XI, Orense.

Arriba: Auguste Escoffier, 1846-1935, considerado el mejor cocinero de todos los tiempos.

todos los tiempos, Auguste Escoffier, inmortalizado como «Rey de Cocineros y Cocinero de Reyes». Personaje elegante, muy exigente en su trabajo, Escoffier generó una reforma total en la cocina de su época, en la que primaba la cantidad sobre la calidad, siendo consciente en todo momento del papel fundamental jugado por los cocineros, ya que de su profesión, decía, «dependía la salud de sus semejantes». Llegó incluso a propugnar que un cocinero debía meditar largamente antes de elaborar un menú, teniendo que esforzarse en procurar adaptar las preparaciones al temperamento del comensal, el clima ambiental y el gusto particular de quien fuese a ingerirlas. Más aún, supo interesarse a tal punto en lo que hacía que valoraba tanto la opinión de quien degustaba sus platos como el efecto de la digestión de éstos.

En el siglo XX, tras el inicio esperanzador de una etapa de buen vivir (la *belle époque)*, acaece la desgracia de la primera guerra mundial, que, por supuesto, incidió en el ámbito de la alimentación, modificando rotundamente los hábitos alimentarios: se plantearon entonces diversas circunstancias graves, como aumento de precios o restricción de géneros; en una palabra, terribles penurias. Luego, de igual modo, la segunda guerra mundial habría de volver a detener la evolución histórica de la cocina.

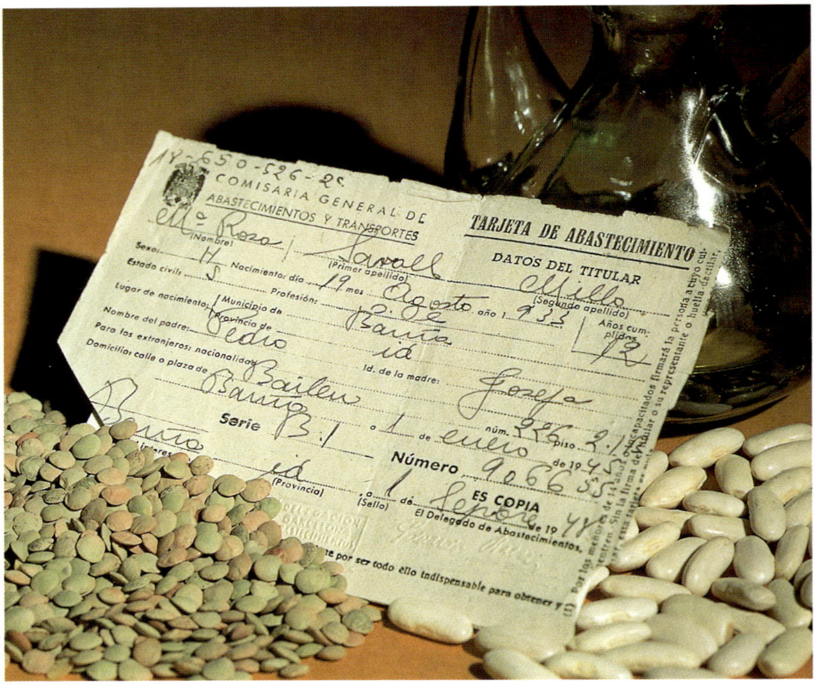

En tiempos de posguerra es difícil que la cocina goce de buena salud, teniéndose en cuenta que la propia materia prima escasea y debe ser repartida entre toda la población. En la imagen: cartilla de racionamiento de la posguerra civil española, 1948. Las emitía la Comisaría General de Abastecimiento durante los primeros años de la dictadura de Franco.

Los años 50 y 60 suponen una recuperación de aquellos

tiempos pasados marcados por el hambre y las guerras. Y puede afirmarse que a partir de los 70 y hasta hoy la sociedad actual (prácticamente, ya, la del siglo XXI) sabe aprovisionarse con facilidad y es muy consumista, habiéndose pasado incluso a una sobrealimentación que conlleva el exceso de grasas corporales (gran preocupación de nuestros días).

En cuanto a las instalaciones de cocina, es digna de mencionar la notable evolución de las mismas en el último siglo, partiéndose de cocinas de carbón y pasando por las de gas o las eléctricas hasta desembocar en las cocinas de inducción. Curiosamente, para llegar del mero fuego a la cocina de carbón

Las cocinas de fuego bajo se han usado durante siglos. En esta imagen: una cocina típica de finales del siglo XIX.

hubieron de transcurrir miles de años, cuando fue necesario tan sólo un siglo para que la cocina se viese modificada de manera increíble.

A la situación descrita ha contribuido, con toda seguridad, la expansión de los restaurantes, así como el progreso tan propio de la sociedad en general. Ejemplo de ello es que, en la actualidad, un porcentaje cada día mayor de personas apuesta por tener instalado en su hogar un fogón eléctrico con placa de vitrocerámica.

Por otra parte, nuestra sociedad acostumbra presentar la gastronomía y la buena cocina como un verdadero

Las cocinas de carbón o económicas aparecen en el siglo XX, tras miles de años en los que se usaba el fuego bajo o de chimenea.

placer. En esta vida, abocada a una evolución de cada vez mayor velocidad (hay ya recetas de cocina intercambiadas por Internet), se ha conseguido, con todo, valorar y situar en su justo sitio los productos que consumimos, aprovechar al máximo sus propiedades nutricionales y presentarlos de manera atractiva para acabar catándolos con detenimiento, al igual que en el caso de un buen vino, para mayor disfrute de nuestros sentidos. Es éste un logro que jamás deberíamos perder.

Que la cocina es arte, cultura y ciencia es algo que debe dar que pensar, ya que elabo-

En este último siglo, la cocina ha experimentado los cambios más significativos. En la imagen, modelo de cocina con horno de principios de siglo.

rar un plato a partir de una determinada materia prima constituye un arte en sí; y es cultura pues es herencia de nuestros antepasados y su historia; y es ciencia pues siempre se está investigando en ella. Por suerte, vivimos un momento de la historia en el que en las sociedades llamadas modernas ya no se come tanto por necesidad o hambre como se ingiere por apetito.

El montaje de la cocina

Niveles de montaje

La cocina es el taller donde se va a manipular el género o materia prima para convertirla en algo ya no sólo comestible sino placentero, siendo este último, seguramente, el aspecto que la hace ser tan apreciada como necesaria. Hasta tal punto es cierto esto que no hay casa que, hoy, prescinda de una cocina. Todas las coci-

Abajo: independientemente de los consejos que aquí damos sobre el montaje de la cocina, la decoración, ya sea sencilla —como la de esta imagen— o compleja, es algo personal y al gusto de cada uno.

nas comparten un elemento en común más allá de la evolución y la modernización de la sociedad (existen, desde ya, zonas subdesarrolladas del mundo, u otras en guerra, que se encuentran en lo que podemos entender como el inicio de esa misma evolución): el fuego es, en el fondo, la clave de tales cocinas. Y así como la historia ha determinado que los asados al espetón o a la parrilla siguieran concibiéndose al fuego puro y duro, y que después hicieran su apor-

Arriba: pollo a la parrilla.
Abajo: no todas las sociedades han experimentado la misma evolución. Ejemplo de ello es el hecho de que mientras en el mundo desarrollado la tecnología forma parte del hogar, existen todavía regiones en desarrollo a las que la precariedad mantiene estancadas en el pasado. En la imagen, interior de una vivienda en Baltistán, Pakistán.

Tres tipos de cocina: de fuego bajo, de leña o económica y de gas. Huesca.

tación las grandes chimeneas de fuego bajo, seguidas por la conocida como «cocina económica» (la de carbón y hasta la de leña, combustibles clásicos de las cocinas hasta nuestros días), así también nos enfrentamos hoy con las cocinas de gas y las eléctricas, omnipresentes en hogares y restaurantes.

Pero es la cocina eléctrica con placa de vitrocerámica la que ha terminado triunfando en la cocina doméstica actual, ya que ofrece, fundamentalmente, limpieza y elegancia.

Con todo, los cocineros profesionales se resisten al empleo del calor eléctrico, prefiriendo mayoritariamente el gas, ya que tiene éste a su favor la rapidez y la economía; pero, en su contra, el hecho de resultar más sucio que el resultado de utilizar la cocina eléctrica. Sea como fuere, en el caso de emplearse fuego eléctrico en hostelería, éste deberá ser completado con placas de hierro y no de vitrocerámica, ya que la delicadeza de trato que estas últimás exigen no encaja en el ritmo frenético que en ocasiones se desata en los restaurantes (debido a la cantidad de gente que trabaja en ellos, a la de cazuelas que hay que movilizar, etc.).

Por consiguiente, contamos ya con un elemento diferenciador que sitúa el ámbito casero aparte del profesional; hemos especificado con anterioridad qué tipo de cocina corresponde a uno y otro caso, pero no quiere esto decir que no haya excepciones. Miles de

Las cocinas eléctricas son más antiguas de lo que se puede pensar. Éstas son de 1923.

hogares mantienen fuegos de gas, y los hay todavía de carbón. Y algunos restaurantes se valen de la cocina económica y, por supuesto, de cocinas eléctricas.

Pero hay otros aspectos diferenciales clarísimos. Los de las dimensiones son un primer ejemplo; los espacios son muy diferentes: mientras que en las casas basta con un habitáculo, el espacio utilizable en un restaurante tiene que ser de grandes dimensiones, por cuanto habrá que tener aquí al alcance de la mano cámaras, hornos, fregaderos, etc. Otro ejemplo es el del tamaño de los útiles, ya que éste variará en el caso de un cuchillo o una espumadera caseros, pequeños y manejables, al de los de notable dimensión en el ámbito profesional.

Una de las diferencias características que existen entre las cocinas domésticas y las profesionales es el tamaño. En estas últimas los espacios suelen ser mucho más grandes, como en el caso de esta despensa.

Planteamos a continuación cuatro posibles niveles de cocinas, con montajes que clasificamos como básico, medio, alto y muy alto. Los dos primeros hacen referencia a las dos posibilidades más comunes en la cocina doméstica; y los dos siguientes, a los montajes habituales de la cocina profesional. Los consideramos a todos en conjunto pues, al fin y al cabo, se trata de cocinas en las cuales se elabora cocina a diario para alimentarnos a todos (hoy se come en casa y mañana se puede hacer lo propio en un restaurante). Tal es el origen de una clasificación sencilla, que, por lo demás, será de ayuda para que el lector pueda situarse ante las características y el funcionamiento de las cocinas más habituales.

Se pueden encontrar multitud de tipos de cocinas. En esta imagen vemos una cocina portátil antigua.

Cocina castellana. Museo Nacional de Artes Decorativas, Madrid.

Nivel básico

Es éste el estilo de cocina doméstica más común. Encaja en espacios comprendidos entre los 8 y los 12 metros cuadrados; por lo general, suele tratarse de un espacio un tanto rectangular o alargado.

En este caso, el fogón de cuatro fuegos se suele situar en la parte más o menos central, quedando apoyado en una de las paredes, y conformando un bloque y una línea aproximadamente compacta con el horno, que siempre estará debajo, y el mobiliario en general.

Una cocina típica de este caso podría estar montada de izquierda a derecha a lo largo de una de las dos paredes más largas tal como se especifica a continuación. En la parte baja, cámara frigorífica y congelador, mármol de apoyo, cocina (eléctrica normal, eléctrica de vitrocerámica o de gas), horno (eléctrico normal, eléctrico de convección por aire o de gas), mármol de apoyo, fregadero, lavavajillas y lavadora. En la parte alta, mobiliario en su totalidad, con la salvedad de que sobre la cocina en sí se sitúe la campana de extracción de humos, y, sobre el fregadero, el armario de platos, vasos, etc. En esta parte alta bien puede empotrarse el microondas. Quedará así toda una pared cubierta, enfrentada a la mesa y las sillas de uso habitual, situadas contra la pared contraria.

Por lo general, este tipo de cocina cuenta con un amplio ventanal que da a un balcón cuando no a una terraza, donde recomendamos que se saquen las bolsas de basura por motivos de higiene, introduciéndoselas en un cubo de plástico con tapa para evitar malos olores. Las basuras y los desperdicios generados en las cocinas tienen que ser retirados a diario de las casas, debiéndose atender a que los servicios especiales de retira-

En la actualidad, los proyectistas y diseñadores pueden realizar trabajos de gran precisión en los que podemos comprobar de antemano la distribución más adecuada para cada caso. En esta imagen vemos un alzado en tres dimensiones de una cocina de nivel básico.

da de basura de la ciudad cumplan con la exigencia de ocuparse de su cotidiana eliminación. Si efectuamos esta acotación, ello se debe a que (incluso por vagancia) se acostumbra dejar varios días las bolsas de basura en la casa, lo que a la larga puede provocar riesgos inútiles debido a su insalubridad.

El montaje que proponemos queda resuelto, de forma gráfica, en el plano A.

Nivel medio

Entre las posibilidades que ofrece una cocina doméstica hay que contar con la correspondiente al gran nivel; pero la encuadramos en este nivel medio pues todas están juntas en esta clasificación (las caseras y las profesionales). Si hablamos aquí de cocinas de gran nivel, ello se debe a que en este caso el espacio es bastante más amplio que en el anterior, rondando entre los

Cocina de nivel básico

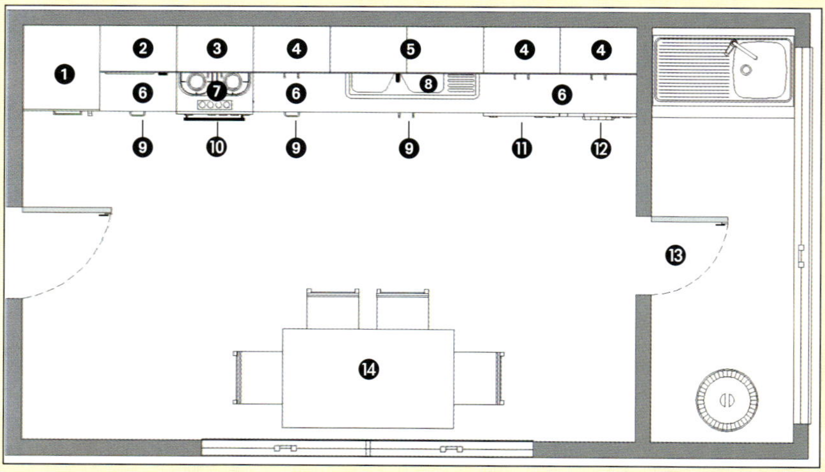

1 frigorífico y congelador, 2 microondas, 3 campana de extracción de humos, 4 mobiliario alto, 5 secador (vajilla, etc...), 6 mármol de apoyo y trabajo, 7 fogón, 8 fregadero, 9 mobiliario bajo, 10 horno, 11 lavavajillas, 12 lavadora, 13 cuarto auxiliar y basura, 14 mesa de cocina.

15 y los 20 metros cuadrados. Este tipo de montaje es de mayor aplicación en casas grandes o chalets. Así pues, dada la amplitud de espacio se dispondrá el fogón y el horno más o menos en el punto medio de la cocina; sobre ella seguirá estando situada la campana de extracción de humos y olores.

En esta imagen: una cocina que por sus características se corresponde con las de nivel medio. En este caso se ha sustituido el módulo central del fogón por una prolongación de la encimera en forma de L.

Por supuesto que se pueden plantear aquí diversas alternativas de disposición del resto de electrodomésticos y mobiliario, pero nosotros apostamos por la que describimos a continuación.

Se comienza por crear dos carriles paralelos a ambos lados del fogón, dejando libres la entrada a la cocina y la pre-

sumible salida al balcón, terraza o jardín. Uno de los lados podría quedar para ser empleado casi en exclusiva como fregadero y limpieza, incluyendo también el lavavajillas; y en el otro se dispondrían las cámaras y la lavadora. Ambos casos contarían con la inserción del mobiliario de cocina y los mármoles de apoyo y trabajo correspondientes.

Este sistema resulta sumamente cómodo, espacioso e interesante, por cuanto quien deba cocinar lo hará en las mejores condiciones posibles ya que podrá desplazarse alrededor. Y puesto que hay espacio suficiente para disponer el fogón, precisamente, de manera central, no es preocupante en exceso que la planta sea alargada (rectangular) o cuadrada.

El montaje que proponemos queda resuelto, de forma gráfica, en el plano B.

Cocina de nivel medio

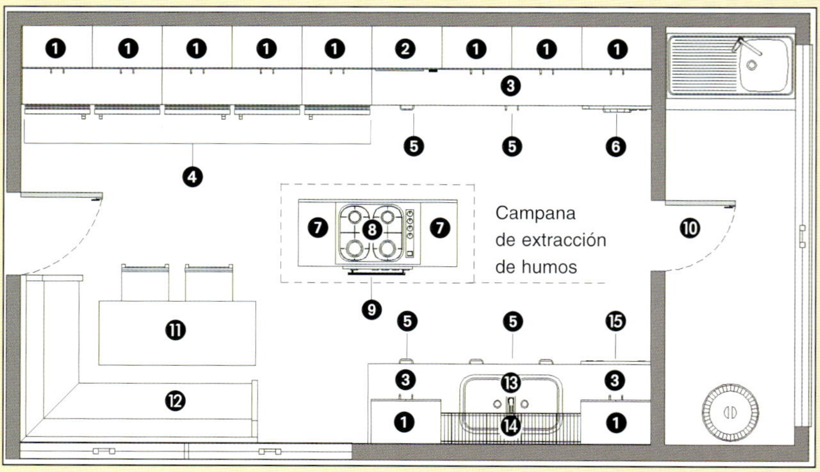

1 mobiliario alto de cocina, 2 horno microondas, 3 mesa de trabajo, 4 cámaras frigoríficas y de congelación, 5 mobiliario bajo de cocina, 6 lavadora, 7 mesa de trabajo, 8 fogón, 9 horno, 10 cuarto auxiliar y basura, 11 mesa de cocina, 12 banco corrido, 13 fregadero, 14 secador de vajilla, 15 lavavajillas.

Los grandes profesionales de la cocina saben lo importante que puede ser el montaje correcto de una cocina. Gracias a sus consejos conseguiremos un lugar óptimo de trabajo.

Nivel alto

Puede ocurrir que el espacio con que se cuente para el montaje sea rectangular (alargado) o cuadrado. Pero en este caso nos hallamos ya en el ámbito profesional de la cocina. Aquí hay que crear un área «caliente» con fogones (ocho fuegos es lo mínimo a considerar), planchas y horno; y un área «fría» con mesas de trabajo cuya parte baja estará abierta con el fin de guardar *cacharrería* (cazuelas, sartenes, etc.), y donde además de las cámaras habrá un pequeño office con la *plonge* o fregadero y el lavavajillas.

Un aspecto clave a tener en cuenta es que el material con que esté montada la cocina ha de ser el acero inoxidable. No debe olvidarse que se trabaja aquí en un taller de cocina cuyas estructura y maquinaria tienen que ser muy resistentes y fáciles de limpiar.

Escenas como ésta se repiten con frecuencia en cualquier cocina. Por ello es importante procurar que los distintos elementos (fogones, horno, ventilación, extracción de humos, etc...) sean distribuidos correctamente, así como contar con las medidas de seguridad adecuadas; de hecho, las normativas son estrictas al respecto.

La basura deberá ser depositada en grandes bolsas, introducidas en cubos de plástico de gran tamaño con su correspondiente tapa; se las arrojará a los contenedores públicos cada noche, a la finalización del trabajo.

Al igual que el tipo de montaje que se verá *a posteriori* (el de más alto nivel profesional), habrá que valorar, antes de decidir la ubicación definitiva de la cocina, la situación, la cadena de trabajo, las dimensiones y las condiciones óptimas de trabajo.

—*Situación.* La ubicación de la cocina en el interior del restaurante u hotel ha de ser estratégica, debiendo permitir un fácil acceso desde el exterior para el aprovisionamiento de géneros. Por lo demás, su comunicación con el comedor será lo más directa posible, evitándose siempre que se pueda el acceso entre una y otro por medio de escaleras o de montacargas; de lo contrario, se enfriaría la comida, así como se complicaría inútilmente el propio servicio.

En este grabado titulado Trabajos en la cocina *podemos observar cómo el autor ha querido plasmar el ritmo frenético que a veces impera en las grandes cocinas.*

—*La cadena de trabajo*. Debe ser facilitada al máximo, respetándose el siguiente esquema:

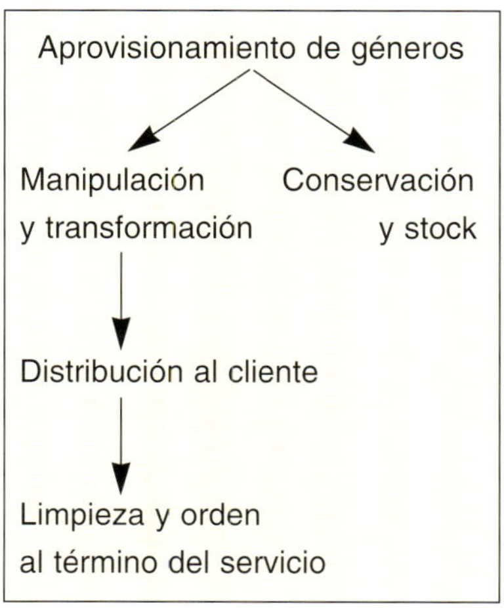

—*Dimensiones*. Éstas quedarán determinadas por el establecimiento, fundamentalmente según el tipo de trabajo a realizar. Se habla aquí de una cocina que debe ser lo más espaciosa posible, en concreto de una que oscile entre los 35 y los 40 metros cuadrados.

—*Condiciones óptimas de trabajo*. Entre las fundamentales hay que considerar las que siguen. La luz, hasta donde fuere posible, tiene que ser natural durante el día, proveniente de grandes ventanales o de techos abiertos acristalados; y, durante la noche, la cocina ha de contar con buena iluminación; sea como fuere, y en el caso de no poderse contar con luz natural, no se ha de escatimar la existencia de una muy buena iluminación. Los suelos tienen que ser antideslizantes; punto clave, ya que no tenerlo en cuenta es origen de multitud de accidentes laborales en la cocina. En cuanto a la aireación, deberán funcionar perfectamente tanto el aire acondicionado como la campana de extracción de humos y olores. Además, debe contarse con buena instalación de agua caliente y fría y con vestuarios con duchas para el personal.

El montaje que proponemos queda resuelto, de forma gráfica, en el plano C.

Cocina de nivel alto

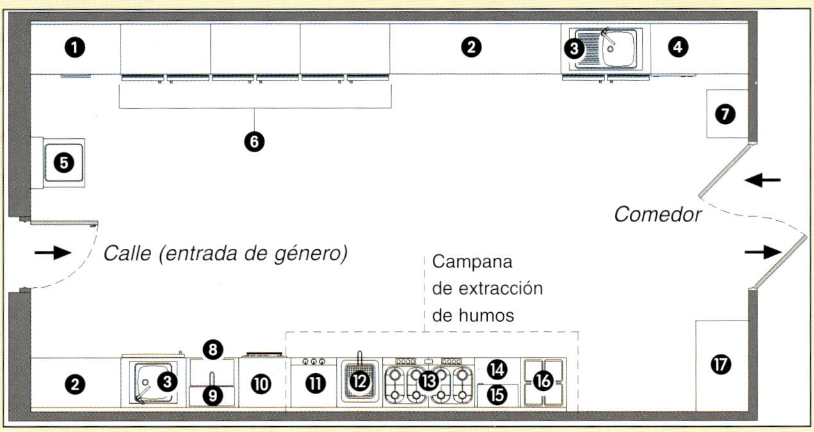

1 congelador, 2 mesa de trabajo, 3 fregadero, 4 lavavajillas, 5 báscula, 6 cámaras frigoríficas, 7 basura, 8 tronco para cortes, 9 gratinador, 10 horno, 11 plancha, 12 freidora, 13 fogones, 14 mesa de apoyo, 15 horno microondas, 16 baño maría, 17 zona de emplatado y mesa caliente.

Un factor importante en una cocina profesional es el espacio. En esta imagen, una gran cocina (de la Academia de Cocina de Karlos Arguiñano) que reúne las características de lo que se denomina nivel muy alto.

Nivel muy alto

Lo ideal, apuntado ya en el método «medio» de montaje, es la cocina central, pues ofrece la posibilidad de poder trabajar alrededor de la misma. El tipo de montaje de que tratamos aquí podemos encontrarlo, por lo general, en grandes restaurantes, hoteles y escuelas de hostelería. La respuesta que este tipo de cocina tiene que dar a amplios comedores exige que el espacio que ocupe sea bastante grande.

Alrededor del fogón central (ocho fuegos pueden ser suficientes) y de planchas, freidora y baño maría tienen que situarse hornos, gratinador, vaporera y mesas de trabajo en una zona; en la otra habrá cámaras de apoyo y, también, mesas de trabajo. Se da por entendido que al tratarse de un ámbito grande y espacioso pueden quedar separados el office, la zona de cámaras y el obrador en espacios contiguos.

También aquí habrá que valorar, antes de decidir la ubicación definitiva de la cocina, y al igual que en el caso anterior, la situación, la cadena de trabajo, las dimensiones y las condiciones óptimas de trabajo.

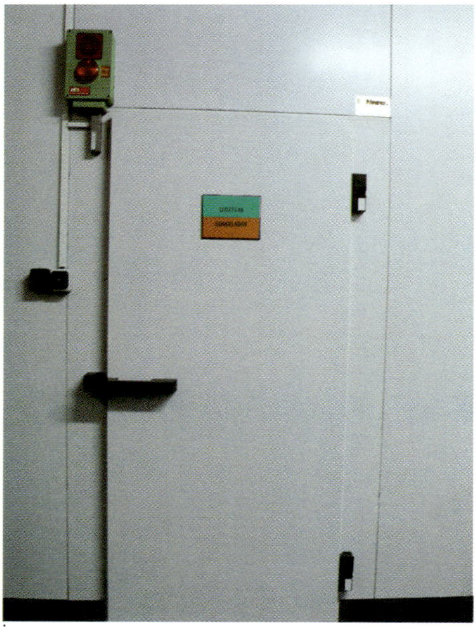

Las cámaras de frío o congelación de las cocinas profesionales son, en algunos casos, cuartos independientes, como los que podemos encontrar en carnicerías, pescaderías, etcétera.

—*Situación*. Hay que reiterar en esta ocasión este aspecto analizado en el caso del montaje prefijado con anterioridad, pues, en efecto, la ubicación tiene que ser estratégica. La cocina será el punto neurálgico del negocio hotelero, contando con acceso directo de la calle a ella para aprovisionamiento, y con comunicación directa con el comedor sin ningún tipo de obstáculos.

—*Dimensiones*. Por supuesto, también aquí queda establecido, al igual que lo anteriormente señalado, que la cocina tendrá unas u otras medidas según la capacidad de respuesta que se le exija o que se tenga calculada; así, no es lo mismo un comedor para 40 o 50 comensales a la carta que otro con capacidad para 300. Por ello, el cálculo de superficie para un restaurante medio que no resulte exagerado en cuanto a comensales en su comedor, pero que bien pueda cubrir las expectativas de un hotel o restaurante de alto nivel, se sitúa aproximadamente entre los 80 y los 100 metros cuadrados.

—*La cadena de trabajo.* Se tiene que cumplir, asimismo, la máxima anteriormente expuesta, aun cuando ampliamos aquí al detalle tal proceso:

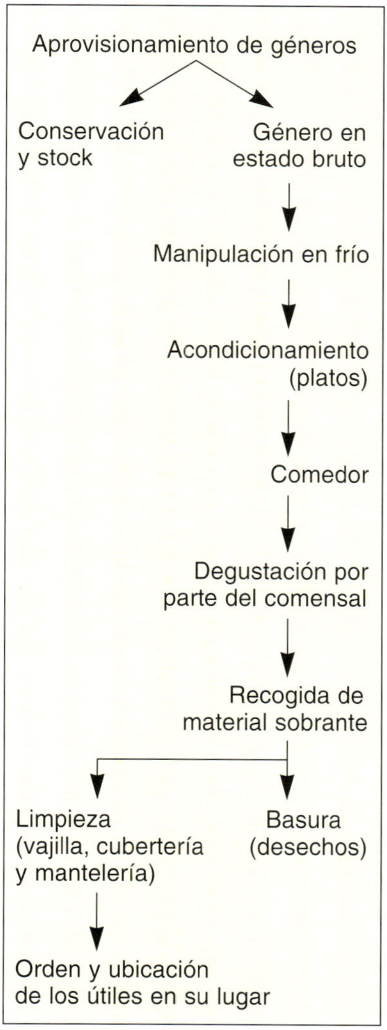

—*Condiciones óptimas de trabajo.* Entre las fundamentales hay que considerar las que siguen. La cocina y los departamentos correspondientes tienen que estar acristalados y ofreciendo la posibilidad de que la luz sea natural durante el día y de buena calidad artificial en la noche. Todos los espacios deben contar con aire acondicionado, así como sobre el fogón habrá extracción y renovación constante de aire. No pueden faltar unos vestuarios con ducha, ni, en el caso de la basura, un habitáculo especial para ella.

El gran ventanal de esta cocina proporciona abundante luz natural. Esto permite el trabajo en óptimas condiciones.

Los suelos (insistimos en este punto) serán antideslizantes. La cocina precisará, a buen seguro, un micrófono con altavoz, para que el chef pueda dictar claramente las comandas, o, lo que es lo mismo, los pedidos de cada mesa, de modo que el equipo de cocina inicie su trabajo. En cuanto a este último aspecto, se da por entendido que en la cocina existe una gran brigada, constituida, a las órdenes del chef o jefe de cocina, por los jefes de partida (entradero, de pescados, asador, salsero y cuarto frío), el responsable de pastelería y, debajo de ellos, los cocineros y ayudantes. En suma, un equipo bien estructurado y con gente capaz de dar respuesta válida a lo que se le plantee.

El montaje que proponemos queda resuelto, de forma gráfica, en el plano D.

El equipo de trabajo de una cocina profesional suele ser numeroso y bien coordinado. Cada uno debe realizar su trabajo correctamente.

Cocina de nivel muy alto

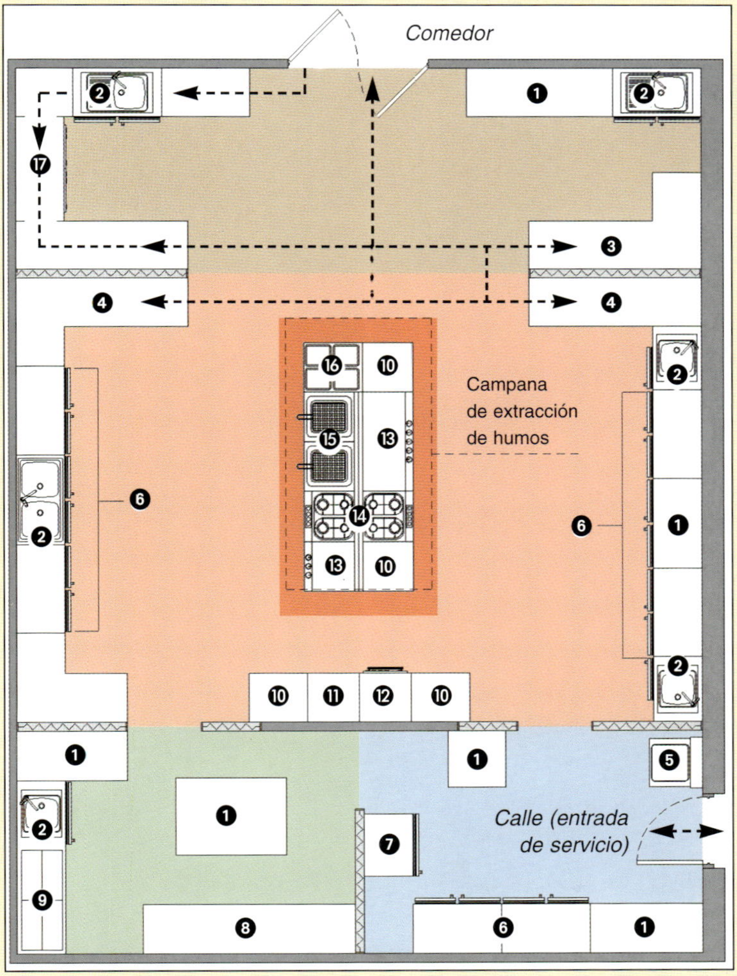

1 mesa de trabajo (mármol o acero), 2 pila de agua, 3 mobiliario para la vajilla, 4 zona de emplatado y mesa caliente, 5 báscula, 6 cámaras frigoríficas de apoyo, 7 congelador, 8 horno de pastelería, 9 azúcar y harinas, 10 mesa de apoyo, 11 vaporera a presión, 12 horno, 13 plancha, 14 fogones, 15 freidoras, 16 baño maría, 17 lavavajillas.

OFFICE
COCINA
ZONA DE CÁMARAS (cuarto frío)
OBRADOR DE PASTELERÍA
SEPARACIONES ACRISTALADAS

Un restaurante acogedor requiere mucho cariño, tanto en su montaje y decoración como en su menú y organización.

Expuestos ya estos cuatro típicos montajes de cocina (dos de ellos referidos a la doméstica y los otros dos a la profesional), queremos dejar en claro que existen multitud de formas y montajes, y que, al fin y al cabo, siempre será cuestión de adaptación al espacio y el lugar de que se disponga. En todo caso, y con referencia a lo que más conocemos (la cocina profesional), recomendamos que antes de montar una cocina profesional se tengan en cuenta los siguientes aspectos:

- tipo de establecimiento que se desea montar, deduciéndose de ello el tipo de cliente que se desea atraer;

- lugar o zona en concreto de la instalación;

- análisis y estudio de la viabilidad del proyecto;

- profesionalidad del personal, lo que incluye la búsqueda de un equipo realmente compacto.

Desde ya, damos por supuesta la existencia de un sistema de financiación bien estudiado, así como la de un local bien orientado y amplio.

MATERIALES NECESARIOS PARA PONER EN MARCHA UNA COCINA

En este apartado hacemos especial hincapié en la *cacharrería*, es decir en la batería de cocina necesaria para poder trabajar con garantías de buen resultado.

Pero con anterioridad a ello, debemos aclarar que si bien hemos mencionado los fogones en relación con las posibilidades existentes (léase los de gas y los eléctricos), en el caso de los hornos se dan dos posibilidades claras. La del calor seco o por convección de aire, recomendable en pastelería, sistema rápido y eficaz empleado en la cocina

cada vez con mayor asiduidad. Y la de las freidoras con —siempre— abundante aceite; de aquí proviene la denominación «gran fritura».

A la vez, un baño maría con agua caliente permanente será un medio estupendo para conservar calientes las salsas y los caldos. Y ni qué decir del gratinador de tan específica labor; o del socorrido microondas, una máquina de cocción al vapor tan avanzada y eficaz, sobre todo cuando se trata de verduras, pescados y mariscos, ya que las propiedades nutricionales de estos géneros permanecen intactas.

Y debe cuidarse, además, la presencia del frío. Habrá que contar con un refrigerador amplio y limpio, acondicio-

Las cocinas modernas cuentan, por lo general, con multitud de electrodomésticos para todos los usos. En la imagen, horno microondas.

nado entre los 2 °C y los 4 °C, y con un buen congelador, del que recomendamos que no exceda los -20 °C.

Aclarados estos puntos, pasamos al tema que nos ocupa preguntándonos: ¿qué útiles necesitamos para poder trabajar en la cocina con garantías de buen resultado? Los exponemos, en líneas generales, a continuación.

Materiales de uso general

—*Pelador de patatas*. Pelador pequeño y especial para el uso indicado.

—*Tijeras grandes de cocina*. Sirven para todo: limpiar pescado, aves, etcétera.

—*Utensilios de madera*. Espátula, tenedor, cuchara, cucharón: siempre a mano en la cocina, son muy útiles.

Arriba: pelador de patatas. Existen otros modelos, con las hojas colocadas en vertical, más parecidos a los cuchillos.

—*Exprimidor de limón.* Exprimidor para el uso indicado.

—*Sacabolas.* Utensilio muy útil para sacar bolas de helado que deban ser presentadas en copa o plato.

—*Espumaderas.* De varios tamaños, de forma redonda y plana, con mango largo, sirven para retirar la espuma o la grasa de los caldos. Existe asimismo la espumadera de alambre, conocida como arañadera.

—*Espátulas.* Son metálicas, cuentan con mango y pueden ser pequeñas, medianas o grandes. Las primeras son las espátulas cortas; se las utiliza en el trabajo a la plancha. Las dos siguientes son utensilios imprescindibles del buen pastelero.

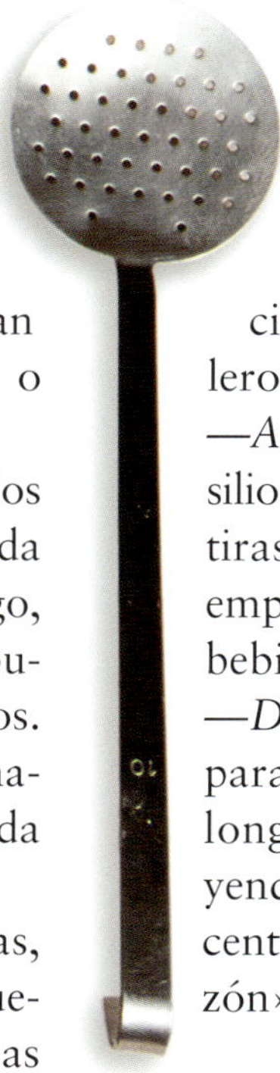

—*Acanalador.* Pequeño utensilio, muy útil para extraer tiras de los cítricos para emplearlas como adorno en bebidas y platos.

—*Descorazonador.* Sirve para taladrar la manzana longitudinalmente, extrayendo toda su parte interior central incluido «el corazón» de la manzana.

—*Tablas*. Sirven para cortar. Hay que tenerlas de varios tamaños. Tradicionalmente han sido de madera, pero hoy se cuenta con tablas elaboradas con otros materiales, fundamentalmente derivados del plástico, muy resistentes para el mismo fin.

—*Rallador*. Utensilio que se utiliza para rallar pan o queso, por lo general cuando éstos están duros, con el fin de aprovecharlos.

—*Medidores de peso y volumen*. Abarcan desde la conocida como jarra medidora hasta la pequeña balanza digital. Ayudan a pesar y calcular con mayor justeza ingredientes como harina, azúcar, etcétera.

—*Mandolina*. Este artilugio metálico desmontable, que queda inclinado sobre una base regulable, es un útil inte-

resante para cortar, según el grosor que se desee, patatas y verduras gracias a un regulador conectado con sus cuchillas. Nos permitimos así cortes de todo tipo con suma comodidad: patatas chip, patatas onduladas, julianas, etcétera.

—*Espátulas de goma.* Son muy útiles para limpiar cazuelas de salsas o cremas. Su forma permite llegar con facilidad a toda la cazuela, dejándola totalmente limpia.

—*Boles.* Recipientes de cristal, plástico o acero redondo, de forma curva. Son idóneos para mezclar los ingredientes deseados. También se puede batir en su interior con facilidad.

Cuchillos

Fundamentales en la cocina. Aunque los hay de muchos tipos, proponemos los más necesarios a nuestro juicio.

—*Puntilla.* Pequeño cuchillo que sirve para mondar, con hoja que no excede los 6 a 8 centímetros de largo.

—*Deshuesador.* De hoja alargada y fina, pero resistente, es ideal para deshuesar carnes. Su hoja puede situarse entre los 12 y los 15 centímetros.

—*Cebollero.* Conocido como «de cocine-

La mandolina, muy práctica para cortes de todo tipo.

ro». Es indispensable. Con él se pica casi todo en la cocina. Es ligeramente curvo, lo que permite el balanceo; de este modo, se puede cortar con suma facilidad apoyándose en él. Su hoja y su tamaño varían bastante, aun cuando casi todos se hallan entre los 20 y los 30 centímetros de hoja.

—*De sierra*. Su hoja alargada y robusta, que posee la característica de estar dentada, alcanza los 30 a 35 centímetros de longitud. Es ideal para cortar bizcochos y pan.

—*Para filetear.* De hoja fina y alargada, su delicadeza lo hace ideal para obtener filetes de pescado. Su hoja puede tener entre 18 y 20 centímetros de largo.

—*De media luna.* Es grande, y su forma de, precisamente, media luna, lo vuelve ideal para filetear pescados y carnes. Algunos cocineros lo utilizan con suma habilidad.

—*Machete*. De filo grueso, es de estructura grande. Su forma varía, pudiendo ser cuadrado o rectangular. Debido a su peso y su filo demoledor, con él se cortan chuletas y huesos duros, así como espinas grandes en el caso de los pescados.

La chaira, también conocida como eslabón.

—*Chaira*. Tubo de acero con empuñadura (al igual que los cuchillos), posee unas estrías que lo hacen ideal para afilar los cuchillos y mantenerlos diariamente a punto.

Coladores

—*Clásico*. De diversos tamaños, es un recipiente con malla metálica; ideal para colar aceites, caldos, etcétera.

—*Chino*. Estructura cónica de acero, con mango, cuyos agujeros pueden ser más o menos grandes.

—*Cedazo*. Estructura metálica, por lo general de acero, cuya forma suele ser redonda o cónica, y con fondo de malla metálica.

—*De tela*. Muy utilizado para colar café, se lo conoce precisamente como «colador de café».

—*Tamiz*. Ideal para pasar la harina, suele tener forma

redonda. Su estructura puede ser metálica o de madera, con su consiguiente malla metálica en el interior.

Cazuelas

Constituyen la batería propiamente dicha. En ésta no pueden faltar las cazuelas indicadas a continuación.

—*Cacerolas*. Son las cazuelas clásicas. Las hay de acero inoxidable (las más ideales) y de aluminio, cobre, etc. Y de multitud de tamaños y formas. Con sus dos asas y sus tapas, son la clave de la cocina, pues no hay guiso sin que estén presentes las cacerolas. Un cocinero no es nadie sin ellas.

—*Sartenes*. De todos los tamaños, sirven para todo tipo de fritura debido a su ligereza y fácil manejo. Las hay de hierro y de acero inoxidable.

—*Salteadores*. Conocidos en la cocina como *sotenes,* denominación coloquial proveniente del francés, pues los cocineros franceses suelen utilizarlos en sumo grado en diferentes necesidades de la cocina. Son de paredes algo más altas

(verticales) que las sartenes, normalmente de acero inoxidable y de mayor peso que las sartenes «normales».

—*Sartén crepera*. De hierro, pesada y poco profunda, y de pequeño tamaño. Está diseñada para elaborar los conocidos crepes.

Olla rápida: se la conoce así por ser una olla a presión que, por sus características, cuece los alimentos en poco tiempo.

—*Olla a presión*. Es éste un gran invento, caracterizado por la celeridad con que cuece los alimentos. Se trata de una olla profunda y pesada, con cierre hermético y válvula de seguridad.

—*Lubinera*. También conocida como besuguera. Es un recipiente alargado y estrecho, que posee una bandeja agujereada para introducir el pescado en el caldo de forma entera. Se la usa para pescados grandes: besugo, lubina o salmón.

De pastelería

—*Rodillos*. De madera, son rodillos lisos de diversos tamaños con asas a ambos lados. Indispensables para estirar masas.

—*Cuencos*. Son de acero, de diversos tamaños, con dos asas. Sirven para batir en su interior.

—*Batidor*. Conoci-

do también como varilla o batidor de varillas. De varios tamaños, sirve para revolver salsas y montar o batir cremas.

—*Brochita.* Pincel que se utiliza para pintar los pasteles con huevo batido o gelatinas.

—*Moldes de bizcocho.* Redondos. Los hay fijos; pero también móviles, para extraer el bizcocho con mayor facilidad.

—*Placas.* Son placas o chapas de metal útiles para introducir en el horno y para que en el interior de éste se hagan pastas o bollería.

—*Rejillas.* Metálicas, se las utiliza para escurrir los pasteles cuando se los cubre con almíbar, chocolate, gelatinas, etcétera.

—*Cortapastas.* Utensilios finos y metálicos, sirven, como su nombre lo indica, para cortar pastas.

—*Molde de tarta de manzana.* Es el molde clásico, fino y con fondo separable del resto del utensilio, es decir de las paredes del mismo para facilitar la extracción.

—*Aros para tartas.* Círculos más o menos gruesos de diversos diámetros, sin fondo, que se colocan sobre placas para acotar una tarta.

Otros útiles

—*Moldes*. Empleados por lo general para pudines o soufflés, suelen ser de porcelana resistente al calor.

—*Recipiente de terrinas*. De forma ovalada o rectangular, y fabricado en loza con un orificio en la tapa para que, al cocerse la mezcla en el horno, el aire pueda encontrar salida.

—*Fuentes*. Las de horno se usan para disponer sobre ellas manjares y que éstos puedan consumirse de forma directa, o bien gratinarse en el horno. Las hay de vidrio, loza, barro, acero o porcelana.

Existen además cucharas, tenedores, platos, copas, pinzas y cazos de distintos tamaños para caldo y salsas; y molinillos de estilo café; así como un robot eléctrico ideal para picar o reducir a puré algunos productos.

Todos los útiles citados tienen mayor o menor cabida según el montaje de cocina con que contemos.

CÓMO TRABAJAR EN UNA COCINA

El hecho de cocinar —en tanto se ponga ilusión y cariño en ello— puede resultar una actividad divertida como pocas. Y es que a veces parece cosa de magia asistir a la transformación de una serie de ingredientes en un plato o un postre tan atractivos de presentación como suculentos al paladar. La cocina proporciona al aficionado a la misma —no sólo a practicarla sino también a degustarla— incontables momentos de satisfacción.

Daremos a continuación algunos consejos para cocinar con método. Hemos comentado ya que la cocina es el espacio en el cual se transforman los ingredientes en elaboraciones comestibles. Al respecto, quizá lo más importante sea contar con una adecuada organización del espacio, así como de los utensilios más diversos, o también mesas, que utilizar. Es fundamental fami-

liarizarse con la cocina y conocer al detalle la ubicación de cada cosa.

Tres aspectos deben ser tratados en este particular: el orden y la limpieza, la *mise en place* y el aprovechamiento de sobras (la base de la economía en la cocina).

El orden y la limpieza son fundamentales en una cocina. En el siguiente apartado veremos unos consejos básicos sobre estos importantes conceptos.

El orden y la limpieza

El primer consejo, referido al orden, dice que cada cosa debe hallarse en su sitio. ¿Pero cuál es el sitio de las cosas? Por supuesto, cada persona decide con suma rapidez dónde debe colocar recipientes y materiales que utilizar, dependiendo la decisión del tipo de montaje de cocina disponible, a la vez que del carácter de quien trabaje a diario en tal cocina.

Ahora bien: la limpieza tiene que ser la característica fundamental de la cocina. Un dicho popular muy antiguo apunta que el buen cocinero es aquel que desarrolla sus actividades en el siguiente orden: «Con limpieza, gusto y destreza.»

Recomendamos que se vayan lavando cacerolas y utensilios a medida que se vaya trabajando en la cocina, con el fin de avanzar paralelamente en materia de orden y limpieza, evitando así acumularlos en el fregadero pues entonces dicha actividad nos resultará sumamente engorrosa.

Y apuntamos asimismo que se trabaje siempre con delantal y trapos de cocina limpios. A ello hay que añadir que la limpieza de cacharros debe ser realizada con jabones desengrasantes; utilizándose por lo demás lejía para desinfectar suelos y paredes.

Un cubo con tapa, instalado en el exterior de la cocina, será el receptor de las basuras colocadas antes en bolsas de plástico. Esta operación tiene que ser realizada a diario, para, una vez llegada la noche, depositar las bolsas en los contenedores situados en la calle con el fin de que los servicios dedicados a ello procedan a su debida recogida.

Existen todo tipo de productos para la limpieza. Gracias a esta variedad podemos elegir el más apropiado para cada clase de superficie; por tanto, no es conveniente usar, por ejemplo, un estropajo para limpiar un electrodoméstico, pues dañaríamos el esmalte que lo protege; en este caso será mejor utilizar una bayeta.

Tenerlo todo dispuesto y a mano nos evitará más de una desagradable sorpresa.

La *mise en place*

Mise en place es una expresión de origen francés que hace referencia a la preparación y puesta a punto de las cosas en la cocina. Para dar un ejemplo, la *mise en place* de una tortilla de patatas consistiría en lo siguiente: por una parte, disponer los ingredientes (huevos, patatas, sal y aceite); por otra, la tabla en la cual picar las patatas (patatas que habrán sido peladas previamente con un pelador); y, por último, la sartén y el fuego a punto.

La *mise en place* obliga a que estemos pendientes de todo lo necesario para nuestras operaciones en vez de ponernos a cocinar al buen tuntún, con lo que podría suceder que, por no ser precavidos, el plato quedase a medias —e incluso fuese imposible elaborarlo— por falta de algún ingrediente básico.

Aprovechamiento de sobras (la base de la economía en la cocina)

Tanto en el ámbito de la cocina doméstica como en el de la profesional se contempla que cada día la economía de la misma funcione —en gran parte— a partir de que sobrantes de comida que se encuentren en buen estado sean reconvertidos en platos exquisitos a poco ingenio que se emplee en ello. Muchas son las oportunidades en que se tira comida por tirar, no llegándose siquiera a imaginar que puede hallarse aquí el embrión de una cocina reelaborada.

Los ejemplos al respecto son innumerables: si sobrase paella, podríamos hacer unos pimientos rellenos de arroz; si sobrase parte de un pescado al horno, podríamos desmenuzarlo y hacer un pudin; si sobrase parte de un pollo asado, podríamos reconvertir sus sobras en ensalada de pollo con mahonesa, etcétera.

El aprovechamiento de sobras en la cocina es, sin duda, una forma de ahorro. Una de las preparaciones que más se suele usar es el relleno de distintos productos. En este caso vemos unos pimientos del piquillo rellenos.

Saber elaborar nuevos platos a partir de los sobrantes de comida, y sin tirar más de ésta que lo estrictamente necesario, es otra característica clave del buen cocinero.

Contar con los ingredientes básicos en una despensa es tarea fácil y nos puede sacar de muchos apuros a la hora de improvisar.

DESPENSA BÁSICA

Antes de iniciar la labor en una cocina, otro aspecto fundamental está constituido por los ingredientes necesarios, la compra y la conservación de los alimentos. Veamos a continuación los ingredientes que no deberían faltarnos:

Ingredientes necesarios

En una cocina que se precie de tal no pueden faltar estos ingredientes:

sal gorda
sal fina
aceite de oliva
vinagre
mantequilla
harina
pan rallado
azúcar
huevos
vino blanco
leche
perejil fresco
limones
pimienta blanca
pimienta negra
pimentón
hierbas secas:
- *laurel*
- *tomillo*
- *orégano*

canela
ajos
cebollas
patatas
agua
pimientos rojos secos
guindillas rojas secas
pasta
legumbres
arroz

Ni pueden faltar otros como:

frutas frescas o congeladas
verduras frescas o congeladas
pescados frescos o congelados
mariscos frescos o congelados
carnes frescas
latas (las más habituales):
- *bonito en aceite*
- *tomate natural triturado*

La compra

La compra irá en consonancia con la lista que se confeccione según los menús previstos. Por ello deberemos acudir al mercado con cierta seguridad en cuanto a lo que deseamos adquirir. Antes de dirigirnos a la compra tenemos que comprobar con detenimiento qué géneros escasean en nuestra alacena y cuáles son necesarios para preparar nuestros platos.

Recomendamos que se observen detenidamente los escaparates, así como que se procure acudir al mercado y a las tiendas especializadas a primera hora de la mañana, pues, además de poder encontrar de todo y fresco, en esos momentos habrá poca gente y el carnicero o el pescadero sabrá atendernos con más detalle y cuidado.

Siempre que ello sea posible, hemos de adquirir alimentos frescos, pues no los hay mejores. Congelados y en lata pueden constituir un complemento de nuestros menús, pero no deben establecerse como una constante.

Por último, intentaremos alimentarnos gradualmente con lo que en cada momento nos ofrece la naturaleza, es decir con los productos correspondientes a la estación del año que sea la óptima para su consumo.

Página anterior: el pescado es uno de los géneros más delicados; debemos prestar mucha atención en el momento de adquirirlo.
Esta página: la elección de alimentos frescos —y si es posible de temporada— es garantía de éxito.

La conservación

Con la ayuda de un buen refrigerador y de un congelador, hemos de ser capaces de conservar los productos adquiridos como corresponde.

Así, un producto fresco tiene su lugar de conservación en el refrigerador, a excepción de algunos ingredientes como ajos y patatas. Por lo general,

frutas y verduras, pescados, mariscos y carnes en fresco han de conservarse en la nevera, aun cuando bueno será que estos géneros sean limpiados previamente y envueltos en un film transparente, o introducidos en un recipiente de plástico duro (de este modo, todo resultará más aséptico). No hay que olvidar al respecto que, en ocasiones, platos elaborados (caldos, cremas...) tendrán que convivir con género fresco en la nevera.

La congelación admite tanto productos adquiridos que muestran la indicación de su fecha de caducidad como aquellos que congelemos nosotros mismos. En este último caso no hay que olvidar algo expresado con anterioridad: que los productos queden limpios y perfectamente envueltos e identificados, anotándose la fecha en que fueron congelados para, así, poder consumirlos a tiempo y con conocimiento de causa.

Otros métodos que garantizan la conservación son, aparte del enlatado, el embotado o el envasado al vacío.

Los diferentes artículos de envasado existentes, como las bolsas de plástico con cierre (página anterior arriba), el tupperware (página anterior abajo) o los frascos herméticos (en esta página), son de gran ayuda en la conservación de alimentos. Su uso correcto nos permite guardar los más delicados en buenas condiciones.

Vocabulario gastronómico

Abrillantar. Aportar brillo a una elaboración con ayuda, por lo general, de una pequeña brocha o pincel limpios. Se consigue así dar un efecto más atractivo a la superficie del producto final. Intervienen el agua, la mantequilla derretida, gelatinas, yema de huevo batida rebajada con unas gotas de agua, etcétera.

Aderezar. Dar la condimentación precisa a un alimento, sazonándolo o aliñándolo. Intervienen la sal, los vinagres, los aceites y las especias.

Adobar. Operación que consiste en combinar el género en crudo con un preparado aromatizado con alguno de los siguientes fines: conservarlo, conseguir en él sabores determinados u obtener una textura más suave y blanda de las viandas.

Esta página: abrillantar, aderezar, adobar. Página siguiente: guiso agarrado, chuletas de cerdo agridulces, albardar.

Agarrarse. Supone el instante en que un guiso se ha pegado y quemado en el fondo de la cazuela por acción del calor. Las causas pueden ser varias: falta de líquido, falta de grasa, fuego muy fuerte, o no haber removido ligeramente la preparación cada cierto tiempo. Aporta mal sabor, mal olor y mal color.

Agridulce. Sensación detectada por el paladar en la que se combinan matices tanto agrios como dulces. Nuestra cocina presenta esta sensación en contadas ocasiones, al contrario de la de otras culturas, en las que suele ser costumbre.

Albardar. Técnica de cubrir con una lámina fina de tocino piezas delicadas que corren el riesgo de quedarse secas, como en el caso de las de aves o caza. Con ella se garantiza la jugosidad durante la cocción. El término también hace referencia, de manera coloquial, al *rebozado*, consistente en pasar un género por harina y huevo antes de freírlo.

Aliñar. Aderezar, sazonar o condimentar un plato con el fin de conseguir un determinado sabor deseado. Intervienen grasas, jugos, líquidos, especias, etcétera.

Al dente. Obtención del punto idóneo en la cocción de pastas, arroces, legumbres o verduras, consiguiéndose que el género, además de «estar en su punto», ofrezca una buena sensación palatal.

Almíbar. También *jarabe* o *sirope.* Se trata de una preparación un tanto líquida y densa a la vez, obtenida de la cocción controlada de agua y azúcar. Existen diversos puntos de almíbar: a punto de hebra, a punto de bola, etcétera.

Amasar. Acción consistente en trabajar cualquier tipo de masa con las manos, con rodillo o a máquina. Por lo general, en las masas intervienen la harina y otros ingre-

Esta página: aceites y vinagres para aliñar ensaladas, macarrones al dente, amasar.
Pág. siguiente: aromatizar, pollo asado, asustar.

dientes líquidos y grasos. El resultado ha de ser una forma más o menos homogénea que admita ser estirada.

Aromatizar. Agregar sabores y aromas a una preparación. Los mismos pueden ser los propios de especias, hierbas aromáticas, vinos, vinagres, etc., para así conseguir «perfumar» el plato.

Asar. Someter una vianda sazonada a la acción directa del fuego contando, como único ingrediente protector de la misma, con grasa. Las técnicas empleadas habitualmente son las de los asados al horno, a la plancha o a la parrilla. Es un método natural de cocción.

Asustar. Añadir un líquido frío, por lo general agua, a un preparado en el momento de su ebullición, con el fin de detener momentáneamente su cocción.

Bañar. Cubrir totalmente un género o preparación con un

líquido suficientemente denso, del estilo de las salsas, con el fin de que permanezca dando una cobertura homogénea.

Baño maría. Método de cocción consistente en introducir un recipiente con el manjar que se desea cocer en otro recipiente con agua hasta la mitad, manteniendo ésta a temperatura suave y constante sin que llegue a ebullición.

Batir. Mezclar enérgicamente, por lo general con ayuda de varillas batidoras, una materia hasta que adquiera cierta consistencia o la densidad deseada.

Bechamel. Salsa extendida internacionalmente, conocida por nosotros, comúnmente, como *besamel.* Básicamente, esta salsa blanca consiste en una cantidad de leche ligada con harina mezclada con grasa, normalmente mante-

Esta página: baño maría, batir, bechamel.
Página siguiente: bizcocho con frutas, blanquear, boquilla.

quilla, y, en algunos casos, aceite. En caso de utilizar poca cantidad de harina, obtendremos la salsa bechamel; pero en caso de emplear bastante harina, el resultado será una masa ideal para la elaboración de croquetas.

Bizcocho. Masa esponjosa compuesta de harina, huevos y azúcar. Esta mezcla se cuece en horno suave. Su resultado es uno de los elementos básicos de la repostería.

Blanquear. Cocer ligeramente un alimento en agua hirviendo como proceso previo a su cocinado definitivo. La operación suele ser breve, y el alimento nunca debe terminar de cocerse.

Boquilla. Pequeño embudo de plástico duro, o metal, que se acopla a las mangas pasteleras. La boquilla puede ser lisa, con diversas aberturas, o rizada; se la encuentra en diversos tamaños. Es indispensable en la decoración repostera de cremas o chantilly, etcétera.

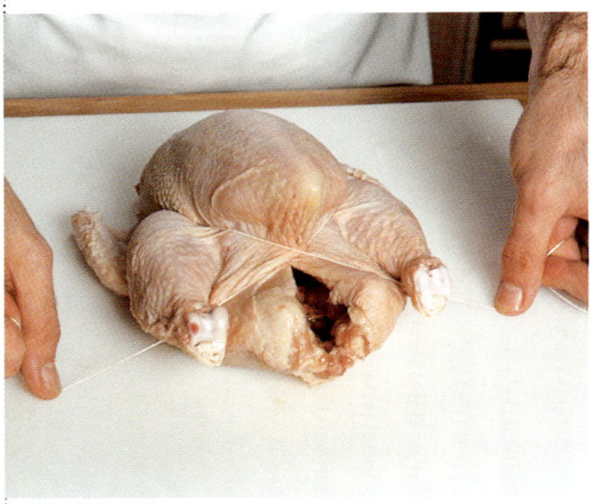

Bouquet. Expresión francesa que hace referencia al conjunto de sensaciones que se perciben al catar vinos u otras bebidas. Por bouquet se entiende asimismo un pequeño montón de determinadas viandas y hortalizas, por lo general dispuestas en la finalización de un plato como acompañamiento del ingrediente principal.

Bouquet garnie. Ramillete de hierbas aromáticas. Se compone de unas ramitas de tomillo, perejil y laurel, sujetas en un hatillo incorporado fundamentalmente a guisos y caldos. Suele ir unido a un trocito de zanahoria, puerro y cebolla.

Brasear. Operación culinaria consistente en asar lentamente piezas en una brasera en su propia salsa un tanto líquida, y acompañada en general por verduras.

Bridar. Atar carnes o pescados con una liz o un bramante con el propósito de que conserven la forma deseada al cocinarse.

Brochetas. Agujas especiales, por lo general de gran tamaño, en las que se ensartan las piezas y los alimentos deseados para su posterior cocinado en la operación de asar.

Buñuelo. Pasta preparada principalmente a base de harina, huevos, leche y levadura, que puede traducirse en buñuelos dulces (con el añadido de azúcar) o salados. Son famosos los buñuelos de viento, así como los rellenos de crema, en cuanto a los dulces; y también lo son los salados de bacalao. Esta masa exige ser frita en abundante aceite.

Brunoise. Expresión francesa; hace referencia al corte de las verduras en pequeños dados.

Buffet. Mesa grande en la que se colocan toda clase de alimentos de grata presencia, y con cuidada decoración, a la vista del cliente para que éste pueda degustarlos.

Página anterior: pechuga de pollo con bouquet de brócoli, bouquet garnie, bridar. Esta página: brocheta, buñuelos, brunoise.

Caldo. Líquido resultante de la cocción de los alimentos. Su sabor, su esencia, constituye la base de salsas, cremas y sopas. Los caldos pueden ser de carne en general, de ave, de pescado y de verduras.

Canal. Cuerpo de ganado bovino, porcino u ovino desprovisto de vísceras, y con o sin piel, patas y cabeza. La media canal sería la mitad de la misma cortada de forma longitudinal.

Caramelo. Azúcar tostada de tonalidad dorada y sabor amargo o dulce, utilizada para colorear en pastelería y en la cocina. Su aplicación en un plato típico se produce, fundamentalmente, en los flanes.

Carcasa. Esqueleto de las aves una vez deshuesadas, que se emplea, junto con las verduras, en la obtención de caldo de ave.

Esta página: ingredientes para caldo, caramelo, carcasa.
Página siguiente: carré, catar, chino.

Carré. Expresión referida al costillar de vaca, cerdo o cordero. Se lo puede cocinar entero o deshuesado. Es famoso el carré Orlof.

Catar. Degustación de una bebida con el fin de detectar las sensaciones que puedan percibirse tanto de su visión como de su olor y sabor.

Catavinos. Copa homologada para llevar a efecto una correcta cata del vino. No es de gran tamaño, pues su función no estriba en la de ser un medio para beber vino sino para únicamente degustarlo.

Chino. Colador de forma cónica agujereada. Se lo utiliza para colar caldos, cremas y salsas.

Clarificar. Método que tiene por objeto limpiar un caldo, un consomé, una gelatina o una salsa mediante la adición de clara de huevo batida depositada en su superficie. Puede también clarificarse con mantequilla fundida.

Cocer. Llevar un líquido a ebullición. Y transformar por la acción del calor el gusto, la textura y las propiedades de un género. De esta manera, los géneros se ablandan y resultan fáciles de digerir.

Concassé. Expresión francesa que hace referencia al corte y el picado un tanto grueso de verduras. Es muy conocido en la cocina internacional el tomate concassé utilizado como guarnición.

Condimentar. Sazonar, aliñar, añadir especias, grasas o jugos líquidos con el fin de conseguir un determinado sabor deseado.

Costrón. Trozo de pan fino, cortado en dados o de forma triangular, que se fríe y se sirve como guarnición de sopas y cremas, así como con revueltos y platos en salsa.

Coulis. Expresión francesa que hace referencia a una salsa fina obtenida de la cocción concentrada de sustancias alimenticias pasadas por un tamiz, o, lo que es lo mismo, su sustancia, su jugo. En el caso de las frutas, el coulis se obtiene al combinarlas en la cocción con azúcar.

Dado. Corte de alimentos en pequeñas porciones en forma y tamaño comparables a los de un dado.

Decantar. Operación consistente en pasar vino de una botella a una frasca de cristal. Con esta técnica se consigue suprimir, por trasvase, las impurezas o los posos que pudiera presentar el vino. También se pueden decantar el aceite, el vinagre y otras muchas preparaciones líquidas.

Decorar. Adornar platos o un género para su presentación.

Desalar. Quitar la sal de un alimento, en general en contacto con el agua, por inmersión durante unas horas.

Página anterior: cocer, concassé, costrón. Esta página: corte en dados, decoración sencilla, desalar bacalao.

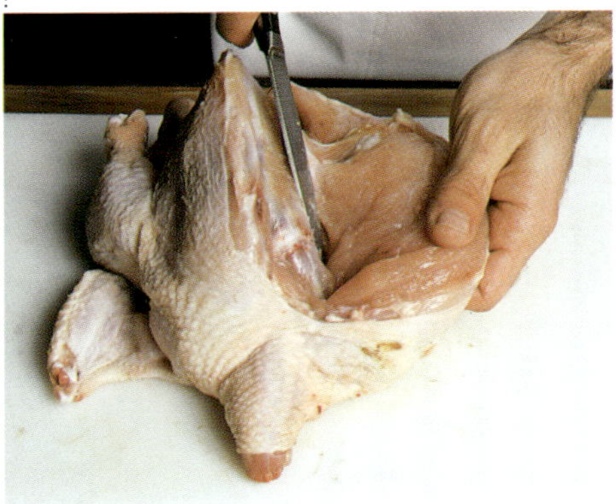

Desbarasar. Operación consistente en la recogida y retirada de cubiertos y platos de una mesa al final de una comida.

Desglasar. Disolver, por medio de un líquido, los jugos caramelizados y pegados en el fondo de una placa o cazuela.

Desgrasar. Quitar la grasa de la superficie de un caldo, una salsa o un guiso.

Deshuesar. Separar los huesos de una carne. Se utiliza también el término referido a pescados, aunque en este caso lo correcto sería *desespinar.*

Desmoldar. Sacar un preparado del molde donde ha sido cocinado, con el fin de que conserve la forma. Ha de hacerse la operación con sumo cuidado y por lo general en frío.

Dorar. Colorear. Dar huevo batido sobre una pasta para que se dore al horno. Freír hasta conseguir el color dorado. Es éste un color atractivo, y es procurado también en los asados.

Emborrachar. Empapar con almíbar, licor o vino una preparación de repostería.

Empanar. Pasar por harina, huevo batido y pan rallado un género para someterlo a cocción por fritura.

Emplatar. Poner una preparación, una vez terminada, en una fuente o plato para servirla directamente en la mesa.

Engrasar. Untar un molde u otro recipiente con mantequilla o grasa en su parte interior antes de proceder al cocinado.

Enharinar. Pasar por harina cualquier género antes de freír, con el fin de obtener un color más dorado si se trata de frito; y, si va acompañado de alguna salsa, para que ésta quede más ligada.

Página anterior: desglasar, deshuesar, dorar. Esta página: emborrachar un bizcocho, empanar, engrasar.

Enología. Ciencia de lo concerniente al mundo de los vinos.

Entrecot. Expresión francesa que hace referencia a un trozo de carne de entre las costillas, por ser la porción cárnica comprendida en las chuletas de vacuno.

Escabeche. Preparación de algunos géneros ya cocinados en un líquido aromatizado con especias, aceite, vinagre y hierbas, así como con hortalizas, con dos finalidades: conservación y adquisición de un sabor característico deseado.

Escaldar. Sumergir cualquier alimento en agua hirviendo manteniéndolo en ella poco tiempo.

Escalfar. Mantener en un punto cercano a la ebullición de un líquido un género sumergido en éste.

Escalope. Loncha delgada de carne de vacuno que por lo general se sirve frita, empanada y hasta acompañada de salsa.

Especia. Sustancia aromática que se obtiene de raíces, cortezas, frutos, semillas, etc., cuyo fin es dar sabor. Condimento culinario.

Espumar. Con referencia, también, a otra expresión: *desespumar.* Consiste en retirar las impurezas que en forma de espuma flotan en un preparado durante la cocción, siempre con ayuda de una espumadera.

Estofar. Guisar un manjar y cocerlo lentamente en una cazuela tapada.

Farsa. Compuesto de diversos ingredientes picados y bien mezclados que sirve para rellenar manjares.

Fideuá. Plato típico de la cocina valenciana. Se trata de una paella de pescados en la cual la pasta (fideo grueso) sustituye al arroz.

Página anterior: entrecot, pollo en escabeche, huevo escalfado.
Esta página: especias de distintos tipos, espumar o desespumar, farsa.

Filetear. Cortar un género en lonchas delgadas y alargadas.

Finas hierbas. Mezcla de hierbas aromáticas frescas, picadas finamente, que se emplea como condimento. Las hierbas son perejil, estragón, cebollino y perifollo.

Flambear. Rociar en una preparación caliente una bebida de elevada graduación alcohólica, prendiéndole fuego.

Flamear. Quizá debido a su similitud fonética, hay quienes aplican este término, con igual significado, al anterior. Hace referencia a la acción de pasar aves o carnes sobre una llama para suprimir restos de plumas o de pelo.

Fondo. Jugo o extracto sustancioso resultante de cocer una vianda, y que puede servir de base a caldos, sopas, salsas, cremas, etcétera.

Freír. Introducir en una sartén con grasa caliente un género para su cocción.

Fumet. Extracto concentrado a modo de caldo, utilizando el pescado como género principal de obtención del sabor.

Gelatina. Sustancia sólida, incolora y transparente que se obtiene de las partes blandas y los huesos, así como de las espinas, de los animales.

Glasa. Crema brillante y lisa a base de azúcar y clara de huevo que sirve para cubrir cierto tipo de pasteles.

Gourmet. Expresión francesa con la que se denomina a la persona entendida y amante de la gastronomía, en el sentido de buena mesa.

Gratinar. Dorar en el horno o gratinador una preparación culinaria, por lo general con alguna salsa, mantequilla o queso en la superficie.

Guarnición. Géneros diversos que acompañan y comple-

Página anterior: filetear, flambear, flamear.
Esta página: gelatina, glasa, aspecto de una preparación con bechamel gratinada.

mentan los platos de cocina. Aportación estética al plato.

Helar. Congelar una mezcla por medio de temperaturas situadas bajo cero.

Hervir. Someter un líquido a alta temperatura de modo constante hasta su ebullición.

Hierbas aromáticas. Condimentos fundamentales en la cocina, ya que aportan aromas y sabores naturales. Existen en gran cantidad, y algunas de ellas forman parte tanto del bouquet garnie como de las finas hierbas.

Infusión. Resultado de mezclar agua hirviendo sobre una planta aromática con el fin de extraer de ella su sabor, aroma y color.

Juliana. Forma más común de cortar las verduras en tiras finas y alargadas. Es extensible a otras viandas.

Esta página: hierbas, infusión, juliana. Página siguiente: kokotxas de merluza, macedonia, macerar.

Kokotxas. Expresión vasca con la que se denomina al apéndice que se encuentra bajo la mandíbula y cerca de las agallas de pescados como la merluza o el bacalao. Su preparación más común es en salsa verde.

Ligar. Espesar, trabar, dar consistencia a una salsa o crema.

Levadura. Porción de masa fermentada que se mezcla con otra para que ésta fermente a su vez, quedando la preparación más hueca y suave.

Liz. Cordel fino, bramante para atar o bridar alimentos.

Macedonia. Mezcla de frutas cortadas en dados en combinación con azúcar, zumos de frutas y licores.

Macerar. También *marinar.* Inmersión de una sustancia en algún líquido aromatizado para, con el paso de las horas, obtener una textura más blanda y mejor sabor.

Magret. Preparado a partir de la pechuga del pato, que se asa y presenta en lonchas finas acompañado en ocasiones de una salsa agridulce.

Mechar. Introducir en una carne cruda tiras de tocino alargadas con ayuda de una especie de aguja especial denominada *mechadora.* La carne, al asarse con esta operación, queda más jugosa. Suele introducirse, aparte de tocino, jamón u otras carnes finas.

Mirepoix. Expresión francesa que hace referencia a la preparación, básica en cocina, consistente en hortalizas troceadas y rehogadas (principalmente cebolla, zanahoria y puerro).

Mise en place. Expresión francesa referente a la «puesta a punto» en relación con la preparación previa en la cocina.

Mojar. Añadir a un preparado el líquido necesario para su cocción.

Montar. Colocar los géneros sobre un plato después de guisados. Sinónimo de *batir.*

Mousse. Preparado culinario o de pastelería en el que los ingredientes, aun siendo diversos, componen una masa fina y homogénea. Los mousses pueden ser fríos o calientes.

Napar. Cubrir un preparado con una salsa ligada.

Oblea. Masa muy fina y estirada, por lo general redonda. También: *crepe.*

Ossobuco. Plato nacional italiano consistente en un trozo de carne del morcillo del vacuno sin deshuesar, y cortado en tranchas transversalmente con hueso. Con él se prepara un exquisito guisado.

Orly. Pasta confeccionada a base de harina, una bebida con gas (sifón o gaseosa) y levadura. Una vez trabajada, se

Página anterior: magret de pato, mechar, mirepoix.
Esta página: mousse, oblea, ossobuco.

la deja reposar para que fermente hasta estar lista para su utilización. Se la emplea para rebozar los alimentos. Son muy conocidas las gambas a la gabardina elaboradas con esta pasta, ideal para fritura.

Paella. Plato típico valenciano a base de arroz y verduras que se combinan con pescado o carne, o ambos, según el tipo de paella deseada.

Panaché. Término que se aplica al montaje de verduras previamente cocidas que se presentan agrupadas según cada tipo de verdura en el plato. Se cubre a éstas con un sofrito de ajos.

Papillote. Expresión francesa que hace referencia a un asado de carne o pescado envuelto en un papel impregnado en mantequilla, manteca o aceite.

Popieta. Pequeño filete de carne o pescado enrollado sobre sí a modo de rollito, pudiendo estar relleno.

Provenzal. Miga de pan o pan rallado, ajo picado y perejil picado. Una vez mezclado todo, se lo agrega a cualquier tipo de género, otorgando entonces la denominación «a la provenzal». Son muy típicos los tomates como guarnición de platos asados previamente al horno con esta mezcla.

Racionar. Dividir un género en porciones o fracciones para su distribución.

Rallar. Desmenuzar un género; por ejemplo, el pan seco para obtener pan rallado. Hay que utilizar un rallador manual o eléctrico.

Rebozar. Cubrir un género con una capa fina, primero de harina y después de huevo batido, antes de freírlo.

Rectificar. Poner a punto el sazonado.

Página anterior: paella mixta, panaché de verduras, frutas al papillote.
Esta página: popietas, rallar, pescado rebozado.

Reducir. Disminuir el volumen de un preparado líquido por evaporación al hervir, para que resulte más sustancioso o espeso.

Rehogar. Freír los alimentos en una sartén a fuego lento con una pequeña cantidad de grasa hasta obtener el punto deseado de textura y color.

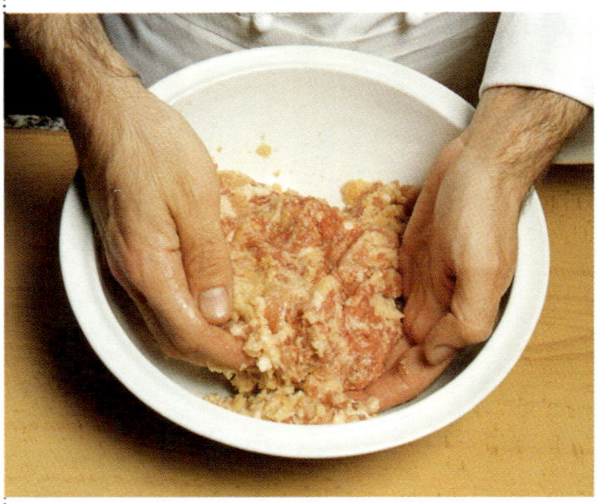

Relleno. También: *farsa.* Conjunto de ingredientes bien picados y homogéneamente unidos que sirven para rellenar cualquier alimento.

Roux. Mezcla de harina y mantequilla que constituye la base y la ligazón de diversas salsas; entre las más famosas figura la salsa bechamel.

Salazón. Método de conservación consistente en someter a carnes o pescados a la acción de la sal.

Salpimentar. Agregar sal y pimienta a un alimento.

Esta página: rehogar, relleno, salsera.
Página siguiente: saltear, tamizar, tornear.

Salsa. Líquido más o menos denso; acompaña a los alimentos aportándoles sabor y color.

Salsear. También: *napar.* Cubrir de salsa un género, generalmente en el momento de ser servido.

Saltear. Sofreír un alimento picado o en pieza a fuego vivo en grasa, con el fin de dorarlo.

Sazonar. Aderezar, condimentar, dar sazón a los alimentos.

Sumiller. Más conocido como *somelier.* Es el experto en vinos encargado del servicio de éstos ante el cliente en el restaurante.

Tamizar. Separar con el tamiz o cedazo las partes gruesas de ingredientes del tipo de la harina, el pan rallado, etcétera.

Tornear. Trabajar y dar forma a una hortaliza o fruta con el fin de embellecerla.

Trabar. Ligar, espesar, dar consistencia a una salsa.

Trinchar. Cortar limpiamente un género una vez cocinado con el fin de emplatarlo y servirlo a cada comensal.

Vichisoisse. Crema fría de patata, puerro y nata líquida típica de la cocina francesa y aceptada por las demás cocinas a nivel internacional.

Villagodio. Chuletón de buey que es preparado asado a la parrilla.

Vol-au-vent. Más conocido como *volován*, es una preparación de hojaldre hueca con tapa para rellenar.

Esta página: trinchar, ingredientes de una vichisoisse, villagodio, volován.

LOS FONDOS BÁSICOS EN LA COCINA

Por falta de tiempo, en las cocinas domésticas no se elaboran *fondos,* algo que en el ámbito profesional es totalmente necesario para el logro de una buena cocina: la elaboración de salsas.

En su última instancia, los fondos son caldos aromatizados y concentrados de verduras, pescados o carnes que sirven de base, y que aportan su sabor y características propias a sopas, cremas y salsas. En el caso de las salsas, éstas se ligan para que queden algo más homogéneas.

Los fondos básicos

Caldo de verduras
cebolla
zanahoria
puerro
ajo
perejil fresco
apio
pimiento rojo seco
pimiento verde
agua
sal

Caldo de ave
cebolla
zanahoria
puerro
ajo
perejil fresco
carcasa de ave (gallina o pollo)
agua
sal

Caldo de pescado (fumet)
cebolla
zanahoria
puerro
ajo
perejil fresco
espinas de pescado (merluza, congrio...)
agua
sal

Caldo de carne
cebolla
zanahoria
puerro
ajo
perejil fresco
hueso de jamón
hueso de vacuno
agua
sal

Las preparaciones especificadas se componen, básicamente, de los ingredientes indicados, aun cuando también suelen ser enriquecidas con pimienta, vino blanco o jerez, aceite de oliva, etcétera.

MEDIDAS PRÁCTICAS Y EQUIVALENCIAS

Son muchas las ocasiones en que quedamos aturdidos por no conocer con suficiente precisión las medidas o las equivalencias de peso y volumen de los productos que manipulamos. Por ello exponemos a continuación una sencilla tabla que facilitará la tarea:

una pizca de sal: 2-3 gramos
una pizca de pimienta molida: 1-2 gramos
una cucharadita de café: 4-5 gramos
una cucharada sopera rasa: 12-14 gramos
una cucharada sopera colmada: 20-22 gramos
Líquidos
un vaso normal: de 2 a 2,5 decilitros
un vasito: de 1 a 1,5 decilitros

ALBÓNDIGAS EN SALSA

INGREDIENTES Y CANTIDADES
(para 4 personas)

1 kg de carne picada
2 huevos
2 cebollas o cebolletas
4 cucharadas soperas de pan rallado
un chorro de leche
1 ajo
sal
harina
aceite

Para la salsa:
1/2 kg de cebollas
1 zanahoria
2 ajos
1 cucharada de harina
1 vaso de vino blanco
2 tomates

ELABORACIÓN

Pica el ajo y la cebolla y mézclalos con la carne y el resto de los ingredientes: huevos, pan rallado, leche y sal. Da a esta masa forma de bolas con la mano. Pasa éstas por harina y fríelas en aceite. Saca y reserva.

Para la salsa:

Trocea toda la verdura, y en una cazuela con un poco de aceite sazona y deja hasta que tome color. Añade la harina y rehoga. Agrega el vino y, si hace falta, un poco de caldo. Deja hacer entre 15 y 30 minutos a fuego lento. Pásalo todo por el pasapuré e introduce las albóndigas en la salsa.

Final:

Pon todo a fuego suave durante 15 minutos aproximadamente. Sirve.

LA RECETA DE KARLOS ARGUIÑANO

ARROZ CON LECHE

INGREDIENTES Y CANTIDADES
(para 4-6 personas)

1 l de leche
1/2 vaso de arroz
200 g de azúcar
3 huevos
canela en rama
1 corteza de limón

ELABORACIÓN

En primer lugar, pon la leche a hervir (reserva medio vaso aproximadamente) con la canela, el arroz y la corteza de limón.

Cuando el arroz esté casi hecho, añade el azúcar (reserva dos cucharadas) y deja que se termine de hacer. Retira del fuego y deja enfriar.

Ya en frío, añade sobre el arroz las yemas batidas y diluidas en el resto de la leche.

Mezcla bien y extiéndelo todo sobre una fuente.

Monta las claras con un poco de azúcar y decora con ellas el arroz.

Gratina en el horno hasta que se dore y sirve inmediatamente.

Bacalao al pil-pil

Ingredientes y cantidades
(para 4 personas)

4 trozos de bacalao desalado
4 dientes de ajo
1 guindilla
2 dl de aceite de oliva

Elaboración

Coloca el ajo fileteado y la guindilla en una cazuela, y cuando estén dorados, retíralos a un plato. A continuación, deposita el bacalao con la piel sobre la misma cazuela, y caliéntalo 2 minutos por cada lado (para que suelte la gelatina). Después, déjalo templar y coloca el bacalao en una cazuela de barro, donde irás añadiendo el aceite anterior poco a poco, mientras empiezas a ligar el bacalao moviendo la cazuela en ángulos.

Una vez ligada la salsa, sólo resta añadir el ajo y la guindilla.

LA RECETA DE KARLOS ARGUIÑANO

CANELONES DE VERDURA

INGREDIENTES Y CANTIDADES
(para 4 personas)

12 láminas de canelones
2 zanahorias
1/4 de coliflor
100 g de judías verdes
3 champiñones o setas
1/4 l de salsa bechamel
50 g de espinacas
100 g de jamón serrano
queso rallado
aceite de oliva
sal
agua

ELABORACIÓN

Limpia y cuece todas las verduras por separado y pícalas. Cuece la pasta en abundante agua con sal y un poco de aceite. Después de 10 a 12 minutos, escúrrela y reserva.

Mientras, prepara la bechamel rehogando, en una sartén, el jamón picado. Añade las espinacas y la harina. Rehoga de nuevo. Ve añadiendo la leche poco a poco y sin parar de remover. Pon a punto de sal.

Rellena los canelones con la mezcla y colócalos en una placa o fuente de horno cubiertos con el resto de la bechamel y espolvoreados con queso rallado. Gratínalos en el horno hasta que se doren, unos 2 minutos, y sirve.

CHICHARRO ASADO CON PATATAS PANADERAS

INGREDIENTES Y CANTIDADES

(para 4 personas)

2 chicharros de 1 kg
4 dientes de ajo
un chorro de vinagre
perejil picado
sal
agua o caldo de pescado

Para las patatas panaderas:
2 patatas
1 cebolleta
3 dientes de ajo
aceite
sal

ELABORACIÓN

Limpia los chicharros, ábrelos por la mitad y sazona. Colócalos en una fuente de horno con un chorro de aceite y un poco de agua. Hornea 10 minutos a 180 ºC.

En una sartén con aceite fríe las patatas y la cebolleta, cortadas en rodajas, junto con los ajos.

Una vez asados los chicharros, sácalos del horno y sírvelos en una fuente con las patatas panaderas.

Haz un refrito con los ajos en láminas utilizando parte del aceite de freír, las patatas y el perejil picado.

Por último, echa un chorro de vinagre sobre los chicharros y por encima el refrito.

La receta de Karlos Arguiñano

Consomé gratinado

Ingredientes y cantidades

(para 6-8 personas)

1/4 kg de morcillo
3 huesos de rodilla
1 muslo de gallina
2 l de agua
1 puerro
1 cebolla
2 zanahorias
4 yemas
12 cucharadas de nata líquida
sal
pimienta
perejil

Elaboración

Corta la cebolla en 4 lonchas y mete éstas en el horno hasta que se tuesten al grill.

En una olla, pon la verdura con la carne, la cebolla y el agua. Deja que cueza durante 3 horas a fuego lento. Después, deja que enfríe y quítale la grasa.

En un tazón, coloca las yemas con la nata, la sal y la pimienta. Bate bien la mezcla hasta conseguir una buena crema.

Llena los cuencos refractarios con el consomé frío. Encima, con cuidado, pon la crema. Gratina en el horno 2 minutos. Espolvorea con perejil picado y sirve.

COSTILLA DE TERNERA GUISADA

INGREDIENTES Y CANTIDADES
(para 4 personas)

1,5 kg de costilla troceada
1/2 cebolla
1 zanahoria
1 pimiento verde
1 puerro
1 tomate
4 dientes de ajo
1 vaso de vino blanco
caldo o agua
1 cucharada de harina
sal, aceite, perejil picado
3 patatas en tacos y fritas

ELABORACIÓN

Pica fina la verdura y el ajo y ponlos a pochar en una cazuela con aceite. Añade la harina y mezcla bien, rehogando. Incorpora después la costilla sazonada, dale unas vueltas y agrega el vino. Cúbrelo todo con el caldo, pon a punto de sal y deja cocer a fuego no muy fuerte durante 45 minutos. Añade los trozos de patata fritos y deja cocer otros 10 minutos más. Si es necesario, puedes añadir más caldo o agua. Espolvorea con perejil picado y sirve.

LA RECETA DE KARLOS ARGUIÑANO

CREMA DE PESCADO Y MARISCO

INGREDIENTES Y CANTIDADES
(para 4-6 personas)

18 mejillones cocidos
300 g de almejas
400 g de rape
12 langostinos
1 copa de brandy
perejil picado
aceite, sal, pimienta

Para el fondo (1,5 l):
fumet de pescado
16 cáscaras de langostino
1 cabeza de rape
1 cebolla
2 puerros
2 zanahorias
unas ramitas de perejil
3 l de agua
sal
1 puerro
1 cebolla
2 tomates
1 zanahoria
1/4 de barra de pan tostado
aceite
sal

ELABORACIÓN

En una cazuela con 3 litros de agua pon los ingredientes del fumet y calienta a fuego lento durante 30 minutos (se reducirá a la mitad).

En otra cazuela con aceite pocha las verduras del fondo con una pizca de sal. Añade el pan y rehoga. Cuela el fumet y agrégalo a estas verduras. Haz todo a fuego lento durante unos minutos y tritura con una batidora.

Calienta el fondo y añade la carne de los mejillones cocidos.

En una sartén con aceite saltea las almejas. Añade el rape cortado en tacos y los langostinos pelados y troceados, ambos salpimentados. Cuando se abran las almejas, y también el resto esté hecho, vierte el brandy y flambea.

Por último, espolvorea con perejil picado y viértelo todo sobre la crema. Mezcla bien todos los ingredientes y sirve.

Croquetas de verdura

Ingredientes y cantidades
(para 4 personas)

1/2 kg de patatas cocidas
200 g de zanahorias cocidas
200 g de guisantes desgranados y cocidos
2 huevos
harina
2 cucharadas de pan rallado
aceite de oliva
sal, pimienta

Para la crema de espinacas:
100 g de espinacas
1 patata
aceite
agua, sal

Elaboración

Trocea y tritura con el pasapuré las verduras cocidas hasta conseguir un puré muy espeso. Agrega los huevos a la pasta (si te queda demasiado ligera, añade pan rallado). Salpimenta y mézclalo todo bien.

Prepara una crema de espinacas cociéndolas con las patatas troceadas en una cazuela con agua, sal y un chorro de aceite durante 15 minutos. Tritúralo todo con una batidora.

Da forma a las croquetas, pásalas por harina y huevo batido y fríelas en aceite hasta dorarlas. Sírvelas bien escurridas de aceite, en una fuente con el fondo cubierto con crema de espinacas caliente.

La receta de Karlos Arguiñano

Ensalada de frutas

Ingredientes y cantidades
(para 6-8 personas)

4 manzanas
4 peras
4 melocotones
un puñado de grosellas
un puñado de frambuesas

Para el almíbar:
500 g de azúcar
3 vasos de agua

Elaboración

Para preparar el almíbar, mezcla sus ingredientes y hiérvelos durante 2 minutos.

Cuece la fruta por separado en el almíbar durante 10 minutos: los melocotones, partidos por la mitad; las peras y las manzanas, peladas y troceadas (reserva las peladuras).

Cada fruta aportará a este jarabe su aroma y color.

Sirve las frutas y hierve a fuego fuerte sus pieles hasta reducir a la mitad.

Por último, escalda las frambuesas y las grosellas durante 2 minutos, y sírvelas con el resto de las frutas mezclándolas con el almíbar.

Ensalada mixta

Ingredientes y cantidades
(para 4 personas)

8 hojas de lechuga
1/2 escarola
1 endivia
2 huevos cocidos
100 g de atún en conserva
12 aceitunas
2 patatas cocidas
aceite
vinagre
sal

Elaboración

Limpia bien las hojas de lechuga, la escarola y la endivia. Corta las patatas peladas en rodajas y después colócalo todo en una fuente de servir de forma alterna. A continuación, decora con los demás ingredientes. Pon a punto de sal y aliña la ensalada con el aceite y el vinagre.

LA RECETA DE KARLOS ARGUIÑANO

ENSALADILLA CASERA

INGREDIENTES Y CANTIDADES
(para 4 personas)

3 patatas
150 g de atún o bonito en aceite
8 colas de gambas cocidas o langostinos
1 pimiento morrón
100 g de guisantes cocidos
4 pepinillos
24 aceitunas verdes y negras
8 aceitunas rellenas de anchoas
2 huevos cocidos
1 cebolleta o 1/2 cebolla
8 cucharadas de mahonesa
perejil picado
agua, sal

ELABORACIÓN

Cuece las patatas con la piel en agua con sal. Una vez cocidas, pélalas, córtalas en cuadraditos y colócalas en un bol. Añade el bonito o atún, los guisantes, el pimiento rojo (reserva un poco para decorar), los pepinillos, los huevos cocidos y la cebolla o cebolleta, todo bien picado. Agrega también las aceitunas verdes y negras, sazona e incorpora la mahonesa, mezclándolo todo bien.

Sirve la ensaladilla en una fuente y decórala con pimiento rojo picado, las aceitunas rellenas de anchoas y las colas de langostinos o gambas. Espolvorea con perejil picado.

Escalope milanesa

Ingredientes y cantidades
(para 4 personas)

4 escalopes finos de ternera
queso rallado
aceite
huevo
harina
pan rallado
1 limón
2 pimientos verdes
sal

Elaboración

Sala los escalopes, los cuales deben ser finos y tiernos. Pásalos por harina, huevo batido, queso rallado y pan rallado, por este mismo orden. Fríelos en aceite bien caliente. Para acompañar, pon rodajas de limón y un pimiento verde frito cortado en tiras.

LA RECETA DE KARLOS ARGUIÑANO

FLAN EXPRÉS

INGREDIENTES Y CANTIDADES
(para 6-8 personas)

1 l de leche
6 huevos
150 g de azúcar
1 palo de canela
caramelo para el molde
agua

ELABORACIÓN

En una cazuela, hierve la leche con la canela. Deja templar, retira el palo de canela y mezcla con los huevos, previamente batidos, y el azúcar. Vierte esta mezcla sobre un molde caramelizado. Tapa el molde con papel de aluminio e introdúcelo en la olla a presión. Añade agua con cuidado hasta cubrir 1/5 del molde.

Pon la olla al fuego, y deja que suba al nivel 2, durante 5 minutos. Espera que la olla pierda toda la presión. Saca el molde, espera que se enfríe y desmolda. El flan está listo para servir. Deja que se enfríe.

Gazpacho

Ingredientes y cantidades
(para 4 personas)

1,250 kg de tomates maduros pelados y sin semillas
1 cebolla
1 pepino pequeño
1 pimiento verde
1/2 kg de miga de pan del día anterior
1 taza de aceite de oliva virgen
2 cucharadas de vinagre
agua fría

Elaboración

Mezcla en la batidora parte de las verduras, el vinagre, el aceite y parte del pan. Remoja el pan en agua y escúrrelo. Bate bien para que quede muy fino. Si hace falta, añade un poco de agua. Una vez todo batido, mételo en la nevera.

Para servir el gazpacho, añade unos cubitos de hielo, revuelve para que se enfríe bien y agrega agua fría (al gusto).

Sirve las verduras picadas aparte, cada una en un platito junto con los cuadraditos de pan.

LA RECETA DE KARLOS ARGUIÑANO

GUISO DE CONEJO EN MENESTRA

INGREDIENTES Y CANTIDADES
(para 4 personas)

1 conejo de 1,5 kg aproximadamente
1 cebolla
1 zanahoria
1 puerro
1 pimiento verde
4 alcachofas cocidas
100 g de guisantes cocidos
100 g de habas cocidas
1 pimiento asado y pelado
2 cucharadas de harina
1 ramita de romero
unos granos de pimienta
1 vaso de vino blanco
aceite
sal
agua

ELABORACIÓN

Pica la cebolla, el pimiento, la zanahoria y el puerro y pon todo a pochar en una cazuela con aceite.

Trocea el conejo limpio y salpiméntalo.

Una vez pochada la verdura, añade los trozos de conejo y espera unos minutos hasta que éstos se doren. Agrega la harina, rehoga y acto seguido adereza con los granos de pimienta, el romero y el vino. Cubre todo con agua y deja hacer a fuego lento durante 1 1/4 horas aproximadamente, vigilando que no quede seco. Es conveniente quitar la espuma y poner a punto de sal.

Por último, incorpora las alcachofas, las habas, los guisantes y los pimientos en tiras. Deja reposar todo durante 5 minutos y sirve.

GUISO DE LENTEJAS

INGREDIENTES Y CANTIDADES
(para 4 personas)

1/2 kg de lentejas
300 g de morcilla
300 g de chorizo
unas hojas de berza
1 cebolla
2 dientes de ajo
1 cucharadita de pimentón
aceite de oliva
sal
agua

ELABORACIÓN

Pon a cocer en una cazuela las lentejas cubiertas de agua, con un chorro de aceite y un punto de sal. Deja que cuezan a fuego lento unos 40 minutos.

Aparte, en una sartén con un chorro de aceite sofríe la cebolla y el ajo picaditos. Cuando se doren, retíralos del fuego y agrega el pimentón. Rehoga con cuidado de que no se queme el preparado, e incopóralo a las lentejas.

En una cazuela con agua hirviendo cuece las morcillas, escúrrelas y déjalas enfriar. Vacía las morcillas y reserva la carne.

Despelleja el chorizo, y en una sartén con unas gotas de aceite saltea la carne picadita.

Por otra parte, en una cazuela con agua hirviendo escalda las hojas de berza limpias, 1 minuto aproximadamente.

Envuelve la carne de la morcilla y del chorizo salteado en las hojas de berza y agrégalo todo a las lentejas. Deja cocer otros 5 minutos y sirve.

LA RECETA DE KARLOS ARGUIÑANO

MACARRONES CON TOMATE

INGREDIENTES Y CANTIDADES
(para 4 personas)

250 g de macarrones
100 g de bacon o jamón curado
100 g de chorizo
1 cebolla
1/2 l de salsa de tomate
100 g de queso rallado
sal
agua
aceite

ELABORACIÓN

Cuece los macarrones en abundante agua hirviendo con un chorro de aceite y sal. Escurre y reserva. (Puedes refrescarlos con agua fría.) En una sartén con aceite sofríe la cebolla picada, el jamón o bacon y el chorizo troceados. Luego, añade la salsa de tomate y deja que se haga todo unos minutos. Mezcla los macarrones con la salsa y ponlo todo en una fuente de horno. Espolvorea con queso rallado, gratina 2 minutos y sirve.

Marmitako

Ingredientes y cantidades
(para 4-6 personas)

1 kg de bonito o atún
1 kg de patatas
3 pimientos verdes
1 cebolla hermosa
4 dientes de ajo
1 cucharada de carne de pimiento choricero
2 tomates maduros
2 guindillas de Cayena
perejil picado
aceite de oliva, sal

Para el caldo de pescado:
2 puerros
1/2 cabeza de bonito
pieles de bonito
2 ramitas de perejil
1 l de agua
sal

Elaboración

Prepara el caldo de pescado con las verduras, las pieles, la cabeza de bonito y el perejil. Cuécelo en agua con sal durante 20 minutos.

Aparte, pica la cebolla, los tomates, los pimientos verdes y los ajos. Pocha todo en una cazuela con un chorro de aceite. Cuando esté bien pochado, agrega las patatas peladas y troceadas. Rehoga unos minutos.

A continuación, añade la carne de los pimientos choriceros y las guindillas. Vierte el caldo de pescado desespumado y colado. Deja cocer hasta que las patatas estén cocidas. Tardará unos 15 a 20 minutos. Entonces, añade el bonito limpio y cortado en tacos. Deja cocer otros 3 minutos, pon a punto de sal, espolvorea con perejil picado y deja reposar fuera del fuego 5 minutos antes de servir.

LA RECETA DE KARLOS ARGUIÑANO

MEJILLONES A LA MARINERA

INGREDIENTES Y CANTIDADES
(para 4 personas)

2 kg de mejillones
3 cebolletas
1/2 hoja de laurel
1/2 vaso de vino blanco
1 diente de ajo
perejil picado
aceite

ELABORACIÓN

Comienza lavando bien los mejillones, y raspa con energía las conchas para quitarles todas las impurezas.

Por otra parte, pica la cebolleta y el diente de ajo y ponlos a sofreír en una cazuela con aceite a fuego suave. Rocía con el vino y añade el laurel cuando la cebolleta esté suficientemente rehogada.

Deja cocer 2 minutos. Entonces coloca los mejillones en la cazuela y deja que continúe la cocción por espacio de 8 minutos más, hasta que estén completamente abiertos. Es recomendable remover los mejillones un par de veces.

Antes de servir, comprueba la espesura del caldo; si está ligero, puedes ligarlo con un poco de fécula.

Por último, espolvorea con perejil picado y sirve los mejillones con su propia salsa.

Menestra de verduras

Ingredientes y cantidades
(para 4 personas)

4 zanahorias
100 g de acelgas
1/2 kg de guisantes
100 g de habas
1/2 cucharada de harina
4 puerros
100 g de espinacas
300 g de judías verdes
aceite de oliva
sal

Elaboración

Cuece todo por separado en agua y sal. Trocea bien todas las verduras. En un recipiente pon aceite, y cuando esté caliente añade la harina y el caldo de la cocción de las verduras. Irás agregando este caldo poco a poco. Después, añade las verduras. Pon todo a punto de sal y deja cocer durante 10 minutos.

LA RECETA DE KARLOS ARGUIÑANO

PAELLA DE VERANO

INGREDIENTES Y CANTIDADES
(para 4-6 personas)

400 g de arroz
1 muslo de pollo (deshuesado)
1 pechuga de pollo (deshuesada)
200 g de mejillones
200 g de rape limpio
3 calamares
1/2 cebolla
2 zanahorias
1/2 pimiento morrón
2 dientes de ajo
unas hebras de azafrán
aceite, agua, sal
1 limón

ELABORACIÓN

En una paellera con aceite rehoga la cebolla, el pimiento rojo, las zanahorias y los dientes de ajo, todo bien picado. Cuando comiencen a dorarse las verduras, añade el pollo troceado y los calamares limpios y también troceados. Sigue rehogando durante unos minutos. Incorpora el arroz, rehoga de nuevo y moja con el doble de medida de agua (caliente) que de arroz y un poco más.

Echa las hebras de azafrán tostadas ligeramente y desmenuzadas. Pon a punto de sal. Después de 5 a 6 minutos, cuando hierva a borbotones, añade el rape troceado y los mejillones.

Hornea a 200 ºC durante unos 5 minutos.

Decora la paella con el limón y déjala reposar otros 5 minutos tapada con un paño limpio. Sirve.

Patatas con chorizo

Ingredientes y cantidades
(para 4 personas)

2 cebollas
5 patatas
1,5 l de caldo o agua
2 hojas de laurel
8 trozos de chorizo
aceite virgen

Elaboración

Rehoga en una cazuela con aceite la cebolla picada. Añade los trozos de chorizo y sofríelos también unos minutos. Por último, y antes de agregar el caldo, rehoga con cuidado de que no se agarren las patatas troceadas.

Completada la operación, añade el caldo de laurel y deja cocer todo a fuego muy lento hasta que las patatas estén hechas y el caldo haya engordado sin que las patatas se deshagan.

La receta de Karlos Arguiñano

Pizza napolitana

Ingredientes y cantidades
(para 4 personas)

2 discos de base de pizza
4 tomates maduros o salsa de tomate
14 anchoas en conserva y su aceite
200 g de queso mozzarella
una pizca de orégano
aceitunas negras
tiras de pimiento verde frito, sal

Elaboración

Pica el tomate y extiéndelo sobre las bases de pizza. Después, espolvorea con orégano y sal. Reparte las aceitunas, las anchoas escurridas y el queso. Rocía con 2 cucharadas de aceite de las anchoas. Hornea las pizzas a fuego fuerte, a unos 180 ºC durante 25 minutos más o menos.

Antes de servir, adórnalas con las tiras de pimiento verde frito.

Pochas con choriceros

Ingredientes y cantidades
(para 4 personas)

400 g de pochas
2 pimientos choriceros
1 chorizo
1 morcilla
1/2 cebolleta
1 puerro
2 zanahorias
1 o 2 dientes de ajo
1/2 cucharada de pimentón
aceite, sal, agua
perejil picado

Elaboración

Pon a cocer en una cazuela las pochas cubiertas con agua, junto con una morcilla, un chorizo, dos zanahorias y un puerro, estos últimos ingredientes limpios y picados. Añade un poco de sal y los pimientos choriceros, bien limpios y sin pepitas. Cuece esto durante 45 a 50 minutos. A continuación, saca la morcilla, el chorizo y los pimientos choriceros.

Prepara una fritada con la cebolleta y uno o dos dientes de ajo, todo picado. Agrega a esta fritada los embutidos troceados y saltéalo todo junto. Incorpora también la carne del pimiento choricero y mezcla bien. Por último, echa el pimentón y rehoga todo sin que se queme. Vierte este refrito sobre las pochas. Mezcla bien y sirve espolvoreando con perejil picado.

LA RECETA DE KARLOS ARGUIÑANO

SOPA DE AJO

INGREDIENTES Y CANTIDADES
(para 4-6 personas)

1/2 barra de pan tostado
4 dientes de ajo
1 l de agua aproximadamente
sal
aceite
1 cucharada de pimentón picante
4 huevos

ELABORACIÓN

Pon los ajos pelados en una cazuela de barro con un buen chorro de aceite. Dóralos a fuego lento. Cuando estén bien doraditos, añade el pan troceado y sofríelo. Incorpora el pimentón, remueve 1 minuto y echa el agua. Deja cocer a fuego lento 45 minutos. Bate los huevos y agrégalos a la sopa; remueve y espera que cuajen. Sirve caliente en la sopera.

SOPA DE PESCADO

INGREDIENTES Y CANTIDADES
(para 4 personas)

1 kg de restos de pescado (cabezas, pieles, espinas)
2 cebollas
1 puerro
1 zanahoria
1 tomate maduro
300 g de mejillones
agua, sal
aceite de oliva
1 cucharada de harina
200 g de rape limpio (u otro pescado blanco)
16 gambas o langostinos pelados
2 huevos duros
6 cucharadas de salsa de tomate
unos costrones de pan frito

ELABORACIÓN

Pon en una cazuela los restos de pescado, los mejillones y la verdura troceada. Agrega 2 litros de agua y pon todo al fuego con una pizca de sal. Cuando empiece a hervir, quita y deja que hierva a fuego muy suave hasta que reduzca a la mitad. Cuela y reserva.

En otra cazuela, pica muy fina la cebolla y ponla a rehogar con aceite y un poco de sal. Cuando se dore, añade la harina, mezcla bien y, seguidamente, agrega la salsa de tomate. Incorpora el caldo dejando cocer todo por espacio de unos 15 minutos a fuego no muy fuerte. Por último, incorpora el pescado troceado y sazonado, las gambas y los huevos duros, también picados.

Rectifica de sal, deja reposar unos minutos fuera del fuego y sirve, acompañando la sopa con unos costrones de pan frito.

LA RECETA DE KARLOS ARGUIÑANO

TALLARINES BOLOÑESA

INGREDIENTES Y CANTIDADES
(para 4 personas)

250 g de tallarines
2 puerros
2 zanahorias
2 cebolletas
mantequilla
200 g de carne picada
salsa de tomate
sal, aceite, pimienta

ELABORACIÓN

Pocha la verdura picada fina en una cazuela, añádele la carne y la salsa de tomate, salpimenta y reserva.

Pon la pasta cocida en agua hirviendo con mantequilla, 8 minutos; lávala y saltéala en una sartén con mantequilla. Pon los tallarines en el plato probados de sal y la salsa en el centro.

Tarta fácil de manzana

Ingredientes y cantidades
(para 6-8 personas)

6 manzanas
3 huevos
7 cucharadas de azúcar
7 cucharadas de leche
2 cucharadas de levadura
6 cucharadas de mermelada de albaricoque
zumo de limón
ralladura de naranja
mantequilla para untar el molde
harina

Elaboración

En una jarra bate, con una batidora, 4 manzanas peladas, descorazonadas y cortadas en daditos, más los huevos, el azúcar, la leche y la levadura.

Vierte esa mezcla en un molde de fondo desmontable untado con mantequilla y enharinado (colócalo sobre una tartera para evitar que se derrame el líquido). Cubre todo con el resto de las manzanas peladas y cortadas en gajos finos. Hornea a 165 ºC durante 20 minutos.

Por último, desmolda en frío y unta la tarta con mermelada previamente mezclada con un poco de ralladura de naranja y zumo de limón. Sirve.

LA RECETA DE KARLOS ARGUIÑANO

TORRIJAS DE SAN JOSÉ

INGREDIENTES Y CANTIDADES
(para 4 personas)

12 rodajas de pan (de víspera)
2 vasos de vino tinto
200 g de azúcar
1 naranja
zumo de naranja
canela (en rama y en polvo)
harina
huevo batido
aceite de oliva

Para acompañar:
mermelada

ELABORACIÓN

En una cazuela, a fuego lento, deja reducir durante 10 minutos el vino con 4 cucharadas de azúcar, una rama de canela, la corteza de naranja y un chorro de zumo de naranja.

Seguidamente, pon a macerar en esta mezcla las rodajas de pan y espera que empapen bien.

A continuación, saca las rebanadas y rebózalas en harina primero y en huevo batido después. Fríelas en aceite muy caliente. Retíralas de la sartén cuando estén fritas, escúrrelas y espolvorea con azúcar y canela en polvo.

Sirve las torrijas adornadas con naranja y acompañadas con mermelada.

BEGI AUNDI A LA PARRILLA CON VINAGRETA CALIENTE

INGREDIENTES Y CANTIDADES
(para 4 personas)

4 begi aundi de 400 g cada uno

Para la maceración:
3 chalotas
3 cucharadas de perejil picado
1/4 l de aceite de oliva
sal

Para la cama o lecho:
2 cebollas en juliana
4 pimientos verdes en juliana
2 cucharadas de aceite de oliva

Para la salsa:
1 dl de aceite de oliva
1/2 cebolla
2 dientes de ajo
2 pimientos verdes
2 tomates troceados
1 vaso de vino tinto
la tinta de los begi aundi
1 ramita de romero
sal

Para la vinagreta:
1/2 dl de vinagre de vino tinto riojano
1/2 dl de vinagre bouquet garni
1 diente de ajo machacado
1/2 copa de brandy

Para decorar:
1 cucharada de perejil picado
1 ramita de romero

ELABORACIÓN

Limpia bien los begi aundi y ábrelos por la parte de la quilla. Separa las aletas y los tentáculos.

Haz incisiones en la carne del calamar en forma de rombos, teniendo cuidado de que no sean muy profundas para que no traspasen el calamar y éste se rompa.

Pon los 4 cuerpos y los tentáculos en un recipiente con las chalotas picadas, aceite, sal y perejil, y deja macerar durante unas 12 horas.

Para la cama o lecho:

Pon una cazuela a fuego lento con 2 cucharadas de aceite, las cebollas y los pimientos. Deja sudar (pochar) lentamente hasta que comiencen a tomar color.

Para la salsa:

Pon en una cazuela, junto con el aceite, la cebolla, los pimientos verdes, los ajos finamente picados, los tomates troceados y la ramita de romero. Sazona con sal, rehoga todo y añade las aletas de begi aundi. Deja que hierva todo pausadamen-

LA RECETA DE JUAN MARI ARZAK

te, hasta que la cebolla esté hecha. Añade el vaso de vino tinto y deja cocer durante 5 minutos. Pasado este tiempo, saca las aletas, agrega la tinta y deja hervir durante un par de minutos más. A continuación, saca y pasa la salsa por un chino.

Pincha los begi aundi por los laterales con una brocheta y, junto con los tentáculos, ponlos en la parrilla con la parte incisa hacia abajo. Cuando todo esté ligeramente dorado, dale la vuelta y rocía con la vinagreta elaborada conforme los ingredientes señalados. Mantén aproximadamente 1 minuto por cada lado a fuego vivo.

Presentación:

Sobre cada plato, coloca la juliana de cebolla y pimiento verde escurrida y caliente. Pon encima los begi aundi y, sobre su parte ancha, los tentáculos. Quita la brocheta y añade la salsa por los laterales sin tocar el calamar. Espolvorea sobre el cuerpo perejil picado y decora con una ramita de romero.

BUEY TROCEADO CON EMULSIÓN DE PIMIENTO ROJO, MOLLEJAS Y VINAGRETA DE LENTEJAS

INGREDIENTES Y CANTIDADES
(para 4 personas)

4 chuletas deshuesadas (o entrecots) de carne roja de 300 g cada uno
sal gorda, pimienta recién molida

Para las patatas confitadas:
3 patatas hermosas
1 cucharadita de tomillo picado
2 cucharaditas de perejil picado
1 cucharadita de salvia picada (así como 1 cucharadita de pimienta verde triturada y otra de pimienta de Sichuán molida)
1/2 litro de aceite de oliva, sal

Para la emulsión de pimiento rojo:
10 pimientos del piquillo (ya asados y pelados)
1/2 litro de aceite de oliva
4 dientes de ajo con su piel
4 cucharadas de aceite de oliva extra virgen de Siurana, sal

Para la vinagreta de lentejas:
350 g de carne de morcillo
1 hueso con tuétano
1 trozo pequeño de hueso de jamón
3 zanahorias
2 puerros
1 nabo
1/2 cebolla
1 litro de agua
100 g de lentejas rojas (o verdes)
1 cucharada de aceite de oliva virgen
2 cucharadas de vinagre de jerez
aceite (para freír las lentejas), sal

Además:
mollejas de ternera en taquitos y fritas
unas ramitas de hinojo.

ELABORACIÓN

Para las patatas confitadas:

Pela las patatas y córtalas en gruesas tajadas con forma de pirámide torcida, con uno de sus lados en curva. Embadurna bien cada trozo con el conjunto de hierbas y especias (salvo una cucharadita de perejil picado, que reservarás) y deja así una media hora. Transcurrido este tiempo, pon el aceite a calentar en una sartén de mucho fondo. Echa cuatro trozos de patata y cuece a fuego mínimo (al menos 20 minutos) hasta que estén las patatas blandas pero enteras. Saca y dales punto de sal, espolvoreando el perejil picado sobrante por encima.

Para la emulsión de pimiento rojo:

Sazona los pimientos. Pon en una cazuela a fuego lento el aceite. Cuando esté templado, coloca sin amontonar, uno sobre otro, los pi-

La receta de Juan Mari Arzak

mientos y los dientes de ajo. Haz a fuego mínimo, dándoles la vuelta cada 2 o 3 minutos y durante al menos 30 minutos. Cuando estén blandos, sácalos y colócalos con parte del jugo soltado en una fuente de horno. Deja que se hagan 5 minutos más sobre una placa, con cuidado de que no se quemen. Al retirar del fuego, tritúralos. Al puré resultante añádele el aceite de oliva virgen, y, con una varilla, móntalo ligeramente.

Para la vinagreta de lentejas:

Haz un caldo concentrado con el agua, las carnes y las verduras. Cuando se hayan cocido las lentejas (con cuidado de que no se deshagan), da punto de sal. Cuela y reserva tanto el caldo como las lentejas cocidas. Fríe las lentejas cocidas hasta que estén crujientes. Monta una vinagreta con el aceite de oliva virgen, el caldo de la cocción de las lentejas y el vinagre. Añade, por último, las lentejas crujientes, y rectifica de sal.

Final y presentación:

Saca una hora y media antes de su elaboración la carne del frigorífico. Ten las parrillas a punto, bien calientes. Cubre una de las caras de la carne con sal gruesa, así como con un poco de pimienta. Pon el lado contrario sobre la parrilla y ten a fuego vivo hasta que forme costra. Da la vuelta y repite la operación. Baja la intensidad de la llama al final de la cocción. Una vez asada la carne al punto que quieras, deja reposar unos minutos. Corta entonces en varios trozos y coloca éstos en un costado de un plato muy caliente. Apoyándola en la carne y en vertical sitúa la patata confitada. Alrededor de los trozos de buey pon unas cucharadas del puré de pimiento. Salsea con la vinagreta de lentejas y decora con las mollejas crujientes, así como con una ramita de hinojo.

CREMA FRÍA DE MARMITAKO CON GELATINA LIGERA DE BONITO

INGREDIENTES Y CANTIDADES
(para 4 personas)

Para la crema de marmitako:
400 g de bonito
1/2 kg de patatas
3 pimientos verdes
1 cebolla
5 pimientos choriceros
2 cebollas rojas
2 dientes de ajo
fumet (elaborado con las pieles y las espinas del pescado)
2 cucharadas de tomate hecho
2 dl de aceite de oliva, sal

Para la gelatina de bonito:
3 cebollas
3 puerros
1 zanahoria
1 ramillete de aromáticas
1/2 kg de espinas de bonito
2 l de agua
unos cubitos de hielo
6 claras de huevo
sal, pimienta
8 g de gelatina alimentaria

Además:
perifollo deshojado
estragón deshojado
unas hebras de cebollino picado
2 cucharadas de picatostes de pan frito (en dados diminutos)
unos taquitos de bonito (ligeramente salteados)

ELABORACIÓN

Para la crema de marmitako:

Prepara de antemano una salsa vizcaína. Para ello, coloca en agua templada los choriceros durante una hora. Transcurrida ésta, extrae con un cuchillo la pulpa. Reserva.

Pon en una cazuela, con 1 decilitro de aceite, los ajos y las cebollas rojas muy picados. Deja hacer suavemente por espacio de 2 horas (la verdura debe quedar deshecha). Añade la pulpa de los choriceros y las cucharadas de tomate. Deja hervir durante 20 minutos. Transcurridos éstos, tritura y cuela por un chino.

Por otro lado, pon una cazuela con el resto del aceite a fuego muy suave. Suda aquí la cebolla y el pimiento verde, ambos muy picaditos. Cuando comiencen a tomar color, añade las patatas cascadas con un cuchillo en trozos regulares y pequeños. Rehoga durante 5 minutos. A continuación, vierte el fumet de bonito (que cubra las patatas) y la salsa vizcaína (unas 8 cucharadas). Sazona y deja cocer.

Cuando las patatas estén hechas, añade el bonito cortado en tacos similares a los de las patatas, y mantén cociendo durante 2 o 3 minutos

La receta de Juan Mari Arzak

como máximo. Retira del fuego y deja que se temple. Tritura y cuela por un chino. Mete entonces todo en el frigorífico, hasta que se enfríe la crema.

Para la gelatina de bonito:

Lava concienzudamente las espinas de bonito, al chorro de agua fría, durante una hora. Trocea 2 cebollas y 2 puerros y súmalos a las espinas y el ramillete de aromáticas en un puchero con el agua. Hierve todo durante 20 minutos. Seguidamente, cuela.

Pon de nuevo al fuego ese caldo colado. Reduce a la mitad de su volumen. A continuación, para clarificarlo, pica el puerro y la cebolla que restan, así como la zanahoria, y júntalos con las claras. Pon a hervir de nuevo el caldo y añádele la preparación anterior. Cuando rompa a hervir, asusta la cocción con el hielo. Que hierva a fuego lento. Cuela a través de un paño o estameña. Da punto de sal y pimienta. Reduce el caldo hasta que se gelatinice. Añade, si es preciso, la gelatina alimentaria. Mete todo en el frigorífico hasta que cuaje.

Final y presentación:

Pon en el fondo de un plato sopero la gelatina picada. Dispón sobre ella trocitos de bonito, los picatostes y las hierbas aromáticas. En el momento de servir, vierte por encima un par de cacillos de crema fría de marmitako. Así en todos los platos.

La receta de Juan Mari Arzak

Ensalada de angulas

INGREDIENTES Y CANTIDADES
(para 4 personas)

*480 g de angulas ya cocidas**
1 diente de ajo picado
un poco de perejil picado
un poco de cebollino picado
4 manojitos de hierba de los canónigos

Para la vinagreta:
4 cucharadas de aceite de oliva
4 cucharadas de aceite de cacahuete o girasol
3 cucharadas de vinagre de jerez
una pizca de sal

ELABORACIÓN

Una hora antes de preparar la ensalada, saca las angulas del frigorífico y mantenlas a temperatura ambiente cubiertas con un trapo húmedo.

Echa en un bol los aceites, el vinagre y la sal (sólo si las angulas están un poco sosas) y haz ligar bien la vinagreta.

Deposita en un bol grande las angulas, añádeles la vinagreta (salvo una cucharada, que reservarás) y remueve con sumo cuidado (para que no se rompan pero que sí queden bien impregnadas de la vinagreta). Añade el ajo y el perejil picados. Remueve de nuevo el conjunto.

Deshoja los canónigos y alíñalos con el resto de la vinagreta.

Coloca en el centro del plato unas hojas aliñadas, y, sobre ellas, un montoncito de las angulas también aliñadas.

Espolvorea por encima cebollino picado. Así en los cuatro platos.

**Aunque es habitual que las angulas estén ya cocidas en las pescaderías, por si las hubieras conseguido vivas ofrezco a continuación una fórmula clásica para cocerlas (siempre se consideró que su cocción es tarea algo complicada).*

En primer término, hay que matarlas. Tradicionalmente se ha empleado tabaco negro para ello. Saca las angulas del recipiente con agua en que se encuentren y, ya en seco, agrégales una infusión hecha con tabaco negro. Remueve bien hasta que suelten su baba característica, procurando que no se formen bolas al apretujarse unas contra otras.

Luego, lávalas en varias aguas. Una vez limpias, pon un puchero grande (4 veces el volumen de las angulas) con abundante agua y sal.

La receta de Juan Mari Arzak

Cuando rompa a hervir (siempre a fuego vivo), echa en él las angulas, sacándolas de inmediato tras volver a hervir. Se habrán blanqueado.

Nada más sacarlas, extiéndelas sobre una tela (del estilo de una sábana) para que no se apelmacen.

Al terminar la operación, y una vez frías, guárdalas en el frigorífico a baja temperatura.

La receta de Juan Mari Arzak

Escalopes de foie gras caliente con manzana, puré y torta de maíz

INGREDIENTES Y CANTIDADES
(para 4 personas)

150 g por persona de foie de pato en escalopes
sal

Para la salsa de oporto:
1/2 l de salsa de oporto tinto
30 g de estragón
cebollino picado
perejil picado
1 chalota picada
3 cucharadas de aceite de nuez
1 cucharada de vinagre de jerez
sal

Para el puré de polenta:
3/4 de l de agua
1/4 l de caldo de ave
60 g de polenta
30 g de nata
nuez moscada
pimienta negra molida, sal

Para la torta de maíz:
300 g de maíz dulce cocido
50 g de harina, una pizca de sal
150 g de nata líquida

Para las manzanas glaseadas:
2 manzanas pequeñas ácidas
1 cucharada de aceite de oliva
100 g de azúcar, sal

Además:
unas hebras de cebollino

ELABORACIÓN

Para la salsa de oporto:

Reduce el oporto a fuego lento en un cazo, con las hierbas y la chalota. Cuando la salsa coja un poco de cuerpo, saca, cuela y mezcla con el vinagre de jerez, el aceite de nuez y la sal.

Para el puré de polenta:

Hierve el agua y el caldo. Añade la polenta y ve batiendo con una varilla hasta que engorde la salsa. Pásalo todo por un vaso mezclador. Vuelve a calentar, añade la nata y aromatiza con nuez moscada y la pimienta negra. Rectifica de sal.

Para la torta de maíz:

Escurre bien el maíz y pásalo por un robot o picadora junto con la harina y la sal. A continuación, mézclalo con la nata con la ayuda de una varilla. Haz unas tortitas pequeñas de masa y hornéalas durante 10 minutos a 210 ºC.

Para las manzanas glaseadas:

Hornea las manzanas peladas con aceite, sal y un poco de azúcar, a 210 ºC y durante 10 minutos. Una vez

LA RECETA DE JUAN MARI ARZAK

horneadas, cúbrelas con el resto de azúcar y gratínalas.

Final y presentación:

Sazona el foie gras con sal y dóralo en una parrilla o sartén por los dos lados, a temperatura media, hasta que coja color. Escúrrelo a continuación sobre un papel absorbente. Dispón la torta de maíz sobre un plato y cúbrela con un poco de salsa de oporto. Pon sobre la misma el foie gras y napa con una cucharada de la misma salsa. Pon a un lado un poco de polenta y la manzana glaseada. Espolvorea el conjunto con cebollino picado.

La receta de Juan Mari Arzak

Langostinos en escabeche templados con aceite de remolacha

Ingredientes y cantidades
(para 4 personas)

16 langostinos frescos
6 dl de aceite de oliva
1 cabeza de ajo con su piel
3 dl de vinagre de sidra
1 cucharada de pimienta negra en grano
sal

Para el puré de remolacha:
1/4 kg de patatas
4 cucharadas de aceite de oliva virgen
2 cucharadas de vinagre de jerez
50 g de zumo de remolacha (licuada)
sal
pimienta
agua para cocción de la patata

Para el aceite de remolacha:
300 g de zumo de remolacha (licuada)
1/4 l de aceite de oliva virgen
100 g de zanahoria licuada
sal
pimienta

Para decorar:
chips de remolacha
bastones de cebollino

Elaboración

Pela los langostinos, dejando la punta de la cola sin pelar. Quítales las cabezas. Efectúa un corte transversal de 1 centímetro en el comienzo de la cola. Sazona.

Coloca en una sartén a fuego medio, con el aceite, los dientes de ajo sin pelar y la pimienta. Cuando rompa a hervir, baja la llama y deja hacer a fuego mínimo unos 15 minutos.

Transcurrido ese tiempo, retira del fuego y vierte el vinagre. Deja reposar el conjunto un buen rato.

Acerca de nuevo la sartén al fuego medio y mantenla así unos 2 minutos. Echa los langostinos, reduce el fuego cuando empiece a hervir y mantén así los langostinos, cociendo desde el hervor, unos 3 minutos. Saca los langostinos y reserva.

Para el puré de remolacha:

Cuece las patatas en agua con sal. Una vez cocidas, pélalas y haz con ellas un puré. Añade el aceite y el vinagre, y remueve todo hasta que se muestre homogéneo. Rectifica de sal y agrega un poco de pimienta. Añade el zumo de remolacha y mezcla bien.

La receta de Juan Mari Arzak

Para el aceite de remolacha:

Junta el licuado de remolacha con el de zanahoria. Pon este líquido en una cazuela al fuego. Cuécelo unas 2 horas, hasta que reduzca mucho. Suma esta reducción de zumos con el aceite. Salpimenta.

Final y presentación:

Coloca el puré de remolacha en un costado del plato. Ayúdate con un aro, que luego retirarás. Sobre este puré, instala las colas de los langostinos erguidas. A su lado, dibuja unas rayas de aceite de remolacha. Decora todo con unos chips de remolacha y cebollino picado.

La receta de Juan Mari Arzak

Milhojas de crema y peras caramelizadas

Ingredientes y cantidades
(para 4 personas)

500 g de hojaldre

Para la crema pastelera:
1/2 l de leche
150 g de azúcar
75 g de harina
2 huevos enteros
1 yema
un trozo de corteza de limón
1 vaina de vainilla

Para las natillas al jengibre:
100 g de azúcar
1/2 l de leche
6 yemas
ralladura de jengibre

Para las peras caramelizadas:
2 peras
150 g de azúcar
200 g de agua

Además:
unas hojas de hierbaluisa

Elaboración

Haz primero la división de la masa en tres partes. Estira cada trozo hasta el tamaño exacto de las bandejas en las que hornearás la masa. Pincha con un tenedor las masas extendidas para evitar que suba mucho el hojaldre. Introduce todo en el horno precalentado a 200 ºC y mantenlo así entre 20 y 25 minutos. Una vez horneadas las bandejas, deja enfriar.

Para la crema pastelera:

Pon a hervir la leche con la vainilla y la cáscara de limón. Por otra parte, pon en una cazuela los huevos, la yema y el azúcar. Mezcla bien y vierte a continuación la harina (previamente tamizada), y sigue mezclando. Añade entonces la leche hirviendo sin dejar de remover. Acerca todo al fuego y bate con fuerza. Deja que hierva, aunque no mucho pues la preparación puede cortarse.

Para las natillas al jengibre:

Pon a cocer la leche, con la mitad del azúcar y la ralladura de jengibre.

Por otro lado, coloca el azúcar restante con las yemas en un bol y bate el conjunto hasta que quede homogéneo. Pon este preparado al baño maría y mézclalo con la leche muy caliente, pero no hirviendo. Remueve el conjunto hasta que espese un poco, sin llegar a hervir, y cuela por un chino.

La receta de Juan Mari Arzak

Para las peras caramelizadas:

Coloca en una cazuela agua y 100 g de azúcar, y lleva a ebullición. Cuece aquí las peras, de 5 a 10 minutos según el tipo de pera con que cuentes. Una vez cocidas, sácalas, pélalas y córtalas en lonchas. Espolvorea por encima el azúcar restante, y con una pala de quemar tuesta el azúcar hasta que se caramelice.

Final y presentación:

De cada una de las bandejas corta trozos regulares de hojaldre del tamaño que desees para formar el milhojas. Pon una capa de hojaldre, otra de crema pastelera y, sobre ésta, unas láminas de pera caramelizada. Pon una segunda capa de hojaldre y sigue procediendo de igual modo. Luego, coloca una tercera capa al igual que las anteriores.

Puedes presentar el milhojas en sentido vertical u horizontal. A su lado, dispón unas cucharadas de natillas, así como algunas láminas sobrantes de pera caramelizada.

Decora con unas hojas de hierbaluisa. Así en los cuatro platos.

La receta de Juan Mari Arzak

Salteado de cigalitas con cardo y ensalada de invierno

Ingredientes y cantidades
(para 4 personas)

400 g de cigalas pequeñas
1 cucharadita de ajo picado
1 cucharada de perejil picado
6 cucharadas de aceite de oliva para saltear
lechugas
escarola
achicoria de Treviso
canónigo
sal, pimienta

Para el cardo:
1/2 cardo
agua, sal, harina, huevo
3 dl de aceite de oliva
unas gotas de zumo de limón

Para la salsa de ajo:
1 cebolla
1 cabeza de ajo sin pelar
1 cucharadita de harina de maíz refinada
5 cucharadas de aceite de oliva
10 cucharadas de caldo de ave
perejil, sal

Para la vinagreta de trufa:
10 cucharadas de aceite de cacahuete (u otro aceite neutro)
3 cucharadas de jugo de trufa
2 cucharadas de vinagre de jerez

Elaboración

Para el cardo:
Una vez limpio, corta el cardo en trozos alargados de 6 a 7 centímetros. Pon estos trozos en agua fría. Luego, depositalos en una olla a presión con agua fría y sal y añade un poco de zumo de limón. Ponlos a cocer entre 30 y 40 minutos. Comprueba si quedan hechos. De lo contrario, cuécelos cierto tiempo más, dependiendo de la madurez y el tipo de cardo. Una vez cocido, consérvalo en este agua.

Para la salsa de ajo:
Saltea la cebolla finamente picada con el ajo sin pelar en una sartén con aceite. Cuando la misma esté dorada, añade la harina de maíz y el caldo. Deja cocer y reduce todo a la mitad. Aplasta un poco esta preparación con una espátula. Cuela. Rectifica de sal y añade el perejil picado. Reserva.

Para la vinagreta de trufa:
Prepara la vinagreta mezclando todos los ingredientes y batiéndolos.

Final:
Deshoja los canónigos y corta el resto de hojas y lechugas una vez limpias y escurridas.

LA RECETA DE JUAN MARI ARZAK

Pon una sartén a fuego medio con los 3 decilitros de aceite. Cuando esté caliente, fríe las pencas de cardo (previamente enharinadas ligeramente y pasadas por huevo). Deja hasta que se doren por cada lado. Saca y escurre bien.

Pela y salpimenta las colas de las cigalas y saltéalas en el aceite, con el perejil y el ajo picado.

Aliña con la vinagreta de trufa las hojas invernales.

Presentación:

Dispón en un lado del plato la ensalada invernal recién aliñada. Coloca en el centro las pencas de cardo, y, encima de ellas, las cigalitas salteadas. Añade al conjunto un hilito de salsa de ajo.

La receta de Juan Mari Arzak

Sopa de pescado y mariscos

INGREDIENTES Y CANTIDADES
(para 4 personas)

1 cabeza de merluza
1 cabeza de rape
1 krabarroka pequeña
1/2 kg de cabezas de bogavante
gambas
carabineros
1 cebolla
2 tomates
2 puerros
2 dientes de ajo sin pelar
1 ramillete de aromáticos
2 zanahorias
2 dl de aceite
2 l de fumet de pescado o caldo de verduras
1 copa de brandy
1 copa de vino blanco
150 g de pan de sopa
2 cucharadas de salsa de tomate
sal

Para la guarnición:
8 gambas peladas
12 almejas
150 g de mero o rape (limpio de espinas y en trocitos pequeños)
1/2 diente de ajo picado
3 cucharadas de aceite
1 cucharada de perejil picado
2 cucharadas de brandy
sal

ELABORACIÓN

Pela las zanahorias, los puerros y la cebolla. Pícalos en juliana y rehógalos con el aceite junto con el ramillete de aromáticas y los ajos con piel. Agrega el tomate en taquitos y sin piel ni pepitas. Deja sudar las verduras y, a continuación, y a fuego vivo, saltea ahí mismo las cabezas de pescado, la krabarroka (unas y otra troceadas) y los caparazones de crustáceo. Sazona prudentemente. Flamea con el brandy y añade el vino blanco. Agrega poco después el fumet de pescado o el caldo de verduras, y deja hervir 10 minutos. Transcurridos éstos, saca el pescado y recupera las carnes, reservándolas. Vuelve a introducir en la cazuela las espinas sobrantes. Añade la salsa de tomate y deja que todo espese un poco. Tritura y cuela. En el caldo resultante añade el pan de sopa cortado finísimamente y deja hacer hasta que quede una sopa untuosa y el pan uniformemente disuelto (añadiendo más fumet si ello fuera preciso). Rectifica de sal.

Final y presentación:

En una cazuela pon aceite a la guarnición y saltea a fuego vivo, con el ajo picado, el pescado en trozos, las gambas y las almejas con un poco de brandy, y mantenlo todo así hasta

LA RECETA DE JUAN MARI ARZAK

que se abran las almejas. Da punto de sal y espolvorea con perejil picado.

Coloca en el fondo del plato los trocitos de krabarroka cocida (que habías reservado), así como la parte correspondiente de este último salteado de pescado y mariscos. Vierte por encima la sopa bien caliente.

TARTA DE HIGOS Y CASTAÑAS

INGREDIENTES Y CANTIDADES
(para 4 personas)

Para la pasta quebrada:
250 g de harina
125 g de mantequilla
1 huevo
1 cucharada de agua
1 cucharada de azúcar

Para la crema de higos y castañas:
250 g de pasta de castaña sin azúcar (de lo contrario, cuece las castañas y haz un puré)
250 g de mermelada de higos

Para la salsa de higos y castañas:
250 g de pasta de castaña sin azúcar
250 g de mermelada de higos
100 g de agua
100 g de vino blanco dulce
zumo de 1/2 limón
sésamo blanco (para espolvorear)

Para cubrir la tartaleta:
8 higos secos
1/2 l de agua
150 g de azúcar
40 g de licor de canela
1 rama de canela
agua

ELABORACIÓN

Prepara, ante todo, la pasta quebrada. Para ello, mezcla los ingredientes indicados hasta formar una pasta homogénea sin amasarlos. Deja reposar un rato. Extiende esta pasta con un rodillo y fondea 4 moldes individuales (redondos y de unos 11 centímetros de diámetro). Hornea la pasta sola, poniendo peso encima, es decir colocando un papel metalizado cubriendo la pasta y encima, como peso, legumbres secas (garbanzos o alubias), llenando hasta el borde el molde. El horno debe hallarse a 180 ºC y tiene que ser mantenido así durante 15 minutos. Transcurridos éstos, reserva las tartaletas.

Para la crema de higos y castañas:

Trabaja en frío todos los componentes hasta lograr una crema bien trabada. Calienta al final unos instantes.

Para la salsa de higos y castañas:

Trabaja todos los componentes en frío hasta lograr una salsa homogénea y ligera. Tienes que servirla fría.

Para cubrir la tartaleta:

Lamina los higos, cuécelos en agua con azúcar, el licor y la rama de canela durante 10 minutos. Transcurridos éstos, escurre los higos laminados.

La receta de Juan Mari Arzak

Final y presentación:

Rellena cada tartaleta con la crema de higos y castañas.

Cúbrelas con los higos laminados montando unos sobre otros. Da al conjunto un golpe de horno.

Coloca en un lado del plato la salsa fría que espolvorearás con el sésamo, procurando hacer un dibujo de forma curvilínea que ocupe la mitad del plato. En el lado vacío coloca la tartaleta caliente. Así en los cuatro platos.

ÍNDICE